AMÉRICA LATINA ANTE UNA NUEVA ENCRUCIJADA

Claudio Luis Tomás
Luciano Damián Bolinaga
(compiladores)

América Latina ante una nueva encrucijada

Colección UAI – Investigación (Tesis)

América Latina ante una nueva encrucijada / Claudio Luis Tomas ... [et al.]; compilado por Luciano Damián Bolinaga; Claudio Luis Tomas. - 1a ed . - Ciudad Autónoma de Buenos Aires: Teseo, 2017. 182 p.; 20 x 13 cm. - (UAI investigación)
ISBN 978-987-723-119-9
1. Relaciones Internacionales. 2. América Latina. 3. Desarrollo Regional. I. Tomas, Claudio Luis II. Bolinaga, Luciano Damián , comp. III. Tomas, Claudio Luis, comp.
CDD 327.1

© UAI, Editorial, 2017

© Editorial Teseo, 2017

Teseo – UAI. Colección UAI – Investigación

Buenos Aires, Argentina

Editorial Teseo

Hecho el depósito que previene la ley 11.723

Para sugerencias o comentarios acerca del contenido de esta obra, escríbanos a: **info@editorialteseo.com**

www.editorialteseo.com

ISBN: 9789877231199

Autoridades

Rector Emérito: Dr. Edgardo Néstor De Vincenzi
Rector: Dr. Rodolfo De Vincenzi
Vice-Rector Académico: Dr. Mario Lattuada
Vice-Rector de Gestión y Evaluación: Dr. Marcelo De Vincenzi
Vice-Rector de Extensión Universitaria: Ing. Luis Franchi
Vice-Rector de Administración: Dr. Alfredo Fernández
Decano Facultad de Derecho y Ciencias Políticas:
Dr. Marcos Córdoba

Comité editorial

Lic. Juan Fernando ADROVER
Arq. Carlos BOZZOLI
Mg. Osvaldo BARSKY
Dr. Marcos CÓRDOBA
Mg. Roberto CHERJOVSKY
Mg. Ariana DE VINCENZI
Dr. Roberto FERNÁNDEZ
Dr. Fernando GROSSO
Dr. Mario LATTUADA
Dra. Claudia PONS

Los contenidos de los libros de esta colección cuentan con evaluación académica previa a su publicación.

Presentación

La Universidad Abierta Interamericana ha planteado desde su fundación en el año 1995 una filosofía institucional en la que la enseñanza de nivel superior se encuentra integrada estrechamente con actividades de extensión y compromiso con la comunidad, y con la generación de conocimientos que contribuyan al desarrollo de la sociedad, en un marco de apertura y pluralismo de ideas.

En este escenario, la Universidad ha decidido emprender junto a la editorial Teseo una política de publicación de libros con el fin de promover la difusión de los resultados de investigación de los trabajos realizados por sus docentes e investigadores y, a través de ellos, contribuir al debate académico y al tratamiento de problemas relevantes y actuales.

La *colección investigación* TESEO – UAI abarca las distintas áreas del conocimiento, acorde a la diversidad de carreras de grado y posgrado dictadas por la institución académica en sus diferentes sedes territoriales y a partir de sus líneas estratégicas de investigación, que se extiende desde las ciencias médicas y de la salud, pasando por la tecnología informática, hasta las ciencias sociales y humanidades.

El modelo o formato de publicación y difusión elegido para esta colección merece ser destacado por posibilitar un acceso universal a sus contenidos. Además de la modalidad tradicional impresa comercializada en librerías seleccionadas y por nuevos sistemas globales de impresión y envío pago por demanda en distintos continentes, la UAI adhiere a la red internacional de acceso abierto para el conocimiento científico y a lo dispuesto por la Ley n°:

26.899 sobre *Repositorios digitales institucionales de acceso abierto en ciencia y tecnología,* sancionada por el Honorable Congreso de la Nación Argentina el 13 de noviembre de 2013, poniendo a disposición del público en forma libre y gratuita la versión digital de sus producciones en el sitio web de la Universidad.

Con esta iniciativa la Universidad Abierta Interamericana ratifica su compromiso con una educación superior que busca en forma constante mejorar su calidad y contribuir al desarrollo de la comunidad nacional e internacional en la que se encuentra inserta.

Dra. Ariadna Guaglianone
Secretaría de Investigación
Universidad Abierta Interamericana

Índice

Introducción 17

Primera parte 23

El pensamiento crítico latinoamericano. La opción decolonial 25
Lucía Bravo

Segunda parte 73

Avances y retrocesos de la integración regional en Sudamérica. ¿Es UNASUR la excepción? 75
Pablo Díaz Guerra

Consejo de Defensa Sudamericano. Incipientes pasos hacia la protección regional 97
Lucía Guiñazú y Joaquín Poleri

Tercera parte 117

Actualizando las relaciones entre Cuba y Estados Unidos. Del antagonismo a la cooperación 119
Romina Tejada y Ana Laura Washington

Cuarta parte 141

Las relaciones sino-latinoamericanas tras el ingreso de Beijing a la OMC 143
Micaela Serra y Ma. Julia Sorrentino

Conclusión 159

Epílogo 165
Bibliografía... 167
Sobre los autores 177

El libro está dedicado a los profesionales cuya vida se ha orientado a la formación de recursos humanos puestos al servicio de la investigación científica para el desarrollo de la República Argentina. Invertir en educación e investigación siempre será apostar por las futuras generaciones.

Introducción

Es para nosotros motivo de orgullo haber compilado este libro, cuya génesis emana de la cotidianidad de las aulas, la reflexión, el pensamiento crítico y la apuesta de nuestra casa de altos estudios por formar recursos humanos al servicio de la investigación científica. En este sentido, hay que destacar la oportunidad que la universidad les brinda a sus alumnos y jóvenes graduados de publicar sus primeros trabajos de investigación. Por eso, con errores y aciertos, estos trabajos compilados tienen un valor singular: se trata de los primeros pasos en la investigación científica de un grupo de jóvenes, los cuales alentamos a tomar fuerza en los años por venir.

En la obra se compilan los trabajos de alumnos, algunos de ellos ya graduados y devenidos en colegas, que buscan abordar la construcción de un saber situado en la región latinoamericana, y a fin de acercarse a las problemáticas regionales que se presentan con el augurio del nuevo siglo. En un mundo donde las fuerzas de la globalización conviven también con las de la regionalización, América Latina continúa buscando el sueño de sus históricos patriotas San Martín y Bolívar. El despertar del siglo XXI posiciona a la región ante una nueva encrucijada llena de importantes interrogantes. Entre tantos otros, ¿debemos fortalecer la integración regional? ¿Cómo negociar bilateralmente con las grandes potencias? ¿Qué papel tendremos en la puja entre Estados Unidos y China por ejercer influencia en la región? ¿Cuál será el futuro de la Unión Sudamericana de Naciones? ¿Qué margen de acción tiene la región frente a lo que ha dado en llamarse el paso del Consenso de Washington al Consenso de Beijing?

Este libro se divide en cuatro partes. La primera se desarrolla en el capítulo I donde Lucía Bravo presenta una síntesis de su tesis de grado. Se trata de un trabajo de investigación que analiza el desarrollo del pensamiento crítico latinoamericano, tomando específicamente la opción "decolonial". La génesis de esta corriente de pensamiento es la trilogía modernidad/colonialidad/decolonialidad, cuyo principal referente es Aníbal Quijano. Esta trilogía es abordada principalmente por el grupo de estudios Modernidad/Colonialidad, donde se ha postulado como eje central superar el eurocentrismo y la visión totalizadora de la modernidad tanto en las ciencias sociales como en otros aspectos económicos, políticos, sociales, entre otros. En este sentido, uno de los principales desafíos que enfrenta el pensamiento crítico latinoamericano radicaría en plantear la necesidad de romper con los viejos esquemas con los que pensamos el mundo, reconfigurando un saber situado latinoamericano que conlleve la crítica de los discursos legitimadores del orden colonial y la visión de un *otro* inferior. Esta sección del libro tiene por objetivo analizar las principales nociones y aportes del grupo, con la intención de abrir el debate acerca de la necesidad de que las Ciencias Sociales en nuestra región desarrollen teorías alternativas a las eurocéntricas. El punto de partida, presentado por la autora, es el siguiente interrogante: *¿Les es posible a los Estados latinoamericanos lograr mayores márgenes de independencia y autonomía desde el pensamiento crítico latinoamericano?* Por supuesto, ese interrogante Lucía Bravo lo va a trabajar desde una hipótesis que formula en los siguientes términos:

> Las diferentes formas de conocimiento eurocéntrico construyeron -y aún hoy lo hacen- un concepto de modernidad excluyente. Desde la llegada a América, Europa se erige como modelo único de toda la civilización, entonces se torna necesario poder

vislumbrar qué se desprende del eurocentrismo y, a partir de allí, cómo sería posible controlar la economía, la autoridad, el género y la sexualidad, y en definitiva, la subjetividad.

La segunda parte del libro se desarrolla en los capítulos II y III. El primero de ellos presenta el estudio realizado por Pablo Díaz Guerra al respecto de la integración sudamericana en el marco del proceso de transformaciones que se dieron en América Latina desde el fin de la Guerra Fría hasta la segunda década del nuevo siglo. En este trabajo se aborda la conformación de la Unión de Naciones Sudamericanas (UNASUR) pero también se polemiza sobre la existencia de dos modelos de integración regional, concentrados en la Alianza para el Pacífico y el MERCOSUR. En este sentido, se va poniendo al descubierto que mientras que uno de esos modelos apuesta por el libre comercio y la prolongación en el tiempo de la región como proveedor de materias primas para los países centrales, el otro apuesta por el fomento de la industria y el intercambio de tipo intraindustrial. Este último, encarnado en la figura del MERCOSUR, tiende a favorecer la generación de valor agregado, a estimular el nivel de empleo y a contribuir al desarrollo industrial. Díaz Guerra analiza el concepto de "integración" y luego recorre los procesos desarrollados en la región hasta posicionarse sobre la UNASUR y los otros dos modelos que conviven en su interior.

Por su parte, en el capítulo III, Joaquín Polleri y Lucía Guiñazu problematizan en clave político-militar el rol del Consejo de Defensa sudamericano de la UNASUR, tomando como variable crítica de análisis las inversiones en el área de defensa de los países de la región. Los autores presentan un interrogante clave que estructura el análisis: *¿cuál es la importancia que tiene la inversión individual de cada país en la creación y desarrollo de un Consejo de Defensa?* Esta segunda parte del libro enfatiza un momento particular por el que atraviesa la región latinoamericana y, puntualmente, la sudamericana en materia de integración regional. Matizando los gobiernos de los primeros quince años del siglo XXI, nunca antes la integración local había avanzado a ese ritmo y, sin embargo, la debilidad institucional y el juego democrático ponen a América Latina ante una nueva encrucijada: *¿las nuevas gestiones presidenciales continuarán apostando a esa integración o en todo caso habrá una desaceleración y hasta una posible desarticulación de los actuales procesos de integración?*

La tercera parte del libro se concentra en un estudio desarrollado por Romina Tejeda y Ana Washington, el capítulo IV analiza el giro en materia de política exterior que supone el acercamiento entre Estados Unidos y Cuba, que inicia un proceso de articulación del último resabio de Guerra Fría en la región. Se hace particular hincapié en el impacto que tendrá la apertura económica sobre el régimen político y la sociedad cubana, y la consecuente revalorización del proceso revolucionario que marcó, sin lugar a dudas, un hito en la región latinoamericana.

En la cuarta y última parte del libro, Micaela Serra y Julia Sorrentino han articulado el capítulo V en torno a uno de los factores que -a juicio propio- más impacto tendrán en las relaciones de la región con las potencias mundiales en lo que ya se denomina la era del Pacífico y, puntualmente, la emergencia de China como un actor clave en la configuración de poder mundial. Que si bien aún no ha desplazado la hegemonía norteamericana, claramente la ha reducido en consecuencia con su mayor influencia económica, política, diplomática y hasta cultural en diferentes partes del mundo, pero, particularmente, en América Latina. En esa dirección, las autoras critican el uso de la lógica discursiva de la cooperación Sur-Sur porque encubre un patrón de vinculación que en la realidad verifica, a todas luces, un esquema Norte-Sur o Centro-Periferia y, por tanto, relaciones de poder asimétricas a favor de la potencia asiática.

América Latina, una vez más, enfrenta una encrucijada respecto no solo de la transformación de sus estructuras productivas sino también de su inserción internacional. Pero esta vez cuenta con sistemas democráticos consolidados y con procesos de integración sólidos que son herramientas claves para no repetir errores del pasado y, finalmente, poder impulsar un desarrollo económico con inclusión social. Y en ese escenario el rol de la sociedad civil sobre la conformación de una clase política, con verdadera conciencia de tal, será tal vez aun el mayor de los desafíos. En la mirada académica de nuestros alumnos y jóvenes profesionales en Ciencia Política y Relaciones Internacionales se plasman estas discusiones. Esperamos que para estos jóvenes sea tan solo el inicio de una larga trayectoria en la investigación científica que contribuya al debate presente, pero también para desarrollar las perspectivas del futuro regional.

Primera parte

El pensamiento crítico latinoamericano

La opción decolonial

Lucía Bravo

América latina se fue fabricando como algo desplazado de la modernidad, un desplazamiento que asumieron los intelectuales y estadistas latinoamericanos, y se esforzaron por ser "modernos", como si la "modernidad" fuera un punto de llegada y no la justificación de la colonialidad del poder.

Walter Mignolo

Introducción

A partir de la década del 60 las ciencias sociales se han visto repensadas por diferentes corrientes de pensamiento crítico que buscan analizar el mundo actual, la política global y las relaciones sociales desde paradigmas y epistemologías que sirvan para interpretar las concentraciones del poder. El *pensamiento decolonial* es una de esas propuestas que se proponen discutir el enfoque de las herencias coloniales en América Latina, y surge dentro del debate crítico de las ciencias sociales, originalmente en las áreas de sociología, historia y, más recientemente, también en las relaciones internacionales.

El pensamiento decolonial es impulsado desde América Latina por el tríptico reconocido como *modernidad/ colonialidad/decolonialidad*. La génesis de sus análisis parte del siguiente problema de investigación: ¿cuáles son las potencialidades que se están abriendo en el continente en el conocimiento, la política y en la cultura a partir del replanteo del enfoque eurocéntrico? (Lander, 2000).

El *núcleo modernidad/colonialidad*[1] constituye un entramado teórico-político que ha permitido problematizar la temática de la construcción del conocimiento en la modernidad y proponer la configuración "desde" Latinoamérica de "otro conocimiento", un pensamiento postcolonial. En esa coyuntura, lo primero que se debe señalar es que no se busca desconocer lo desarrollado por el pensamiento europeo, sino repensar esas categorías. La visión de la modernidad implica colonialidad, y el pensamiento siempre debe ser explicado tanto en términos históricos como espaciales. Al hacer esto, las diferentes críticas que históricamente se han manifestado de diversos modos toman formas *otras* de organización del espacio político y cultural, incluyendo las formas hegemónicas en su interior.

Aclaradas estas cuestiones teórico-conceptuales, el artículo que se presenta a continuación es una síntesis de una investigación más amplia, la cual se desarrolló como tema de tesis de grado y se refiere al pensamiento decolonial como una opción para el pensamiento crítico latinoamericano. La importancia de este pensamiento y, al mismo tiempo, uno de sus principales desafíos, radica en lograr abrir las ciencias sociales a un saber situado en la región que cuestione los discursos legitimadores del orden colonial y la visión de un *otro* inferior. El rumbo de la investigación se planteó a partir del siguiente problema: ¿les es posible a los Estados latinoamericanos lograr mayores márgenes de independencia y autonomía desde el pensamiento crítico latinoamericano? De modo que el objetivo general de este trabajo ha sido analizar desde el punto de

---

[1] Utilizaré "grupo modernidad/colonialidad" y "núcleo modernidad/Colonialidad" como diferentes acepciones de lo mismo.

vista del pensamiento crítico latinoamericano la decolonialidad del saber y la necesidad de un saber alternativo al pensamiento hegemónico en ciencias sociales. Dicho de otro modo: el estudio se plantea en clave geopolítica del conocimiento.

De ese objetivo general, se desprenden una serie de objetivos específicos. Explicar el pensamiento decolonial realizando un recorrido por sus principales nociones, tomando como punto de partida el grupo de estudios Modernidad/Colonialidad, ya que en este colectivo se nuclean las teorías críticas del pensamiento latinoamericano. Se describirá y discutirá la necesidad de un saber situado en nuestra región desde las nociones de colonialidad del poder y la geopolítica del conocimiento. Finalmente, se determinará la opción para el pensamiento decolonial en América Latina, sus principales aportes y falencias.

La hipótesis de trabajo se presenta en los siguientes términos:

> Las diferentes formas de conocimiento eurocéntrico construyeron -y aún hoy lo hacen- un concepto de modernidad excluyente. Desde la llegada a América, Europa se erige como modelo único de toda la civilización, entonces se torna necesario poder vislumbrar qué se desprende del eurocentrismo y, a partir de allí, cómo sería posible controlar la economía, la autoridad, el género y la sexualidad, y en definitiva, la subjetividad.

La metodología utilizada se plasma a través de un análisis cuantitativo; el nivel de investigación es descriptivo/explicativo, y se realiza la selección de datos a través de fuentes secundarias.

La necesidad de buscar un lugar propio de los sectores excluidos o considerados inferiores por Europa conllevó a una crisis del saber eurocentrado. Esta crisis de las ciencias sociales se destaca por el desarrollo de un paradigma emergente y la necesidad de nuevas respuestas epistemológicas.

Finalmente, vale la pena una advertencia al lector. No será objetivo de este trabajo analizar las formas críticas de cada país latinoamericano, sino la creación de un saber situado desde América Latina.

1. Un recorrido por el pensamiento decolonial latinoamericano

Las reflexiones sobre la teoría crítica latinoamericana fueron introducidas principalmente por autores como Walter Mignolo, Enrique Dussel, Santiago Castro-Gómez y Nelson Maldonado Torres. Si bien no hay consenso en las respuestas, esos análisis comparten un núcleo de interrogantes que van definiendo la naturaleza de la teoría. ¿Qué tipo de transformaciones necesita el proyecto de la "teoría crítica" para posicionar temas como el género, la raza y la naturaleza en un escenario conceptual y político? ¿Cómo puede ser asimilada la "teoría crítica" en el proyecto latinoamericano de modernidad/colonialidad? Se trata de un debate todavía abierto en el cual se vislumbra que la contracara de la modernidad es la colonialidad, por tanto ahí se configura el principal desafío del pensamiento latinoamericano: ¿cómo poder pensar Latinoamérica desde un saber situado, y liberado del discurso eurocéntrico?

Desde estos interrogantes Walter Mignolo (2010) sostiene que el pensamiento decolonial surgió de las ruinas de los lenguajes y de las subjetividades[2] que han sido negadas por la retórica de la modernidad y la aplicación universal de la lógica de la colonialidad. Comenzó en América con

---

[2] Árabe, aymara, hindi, creole francesa e inglesa en el Caribe, África, etc.

el pensamiento indígena y el pensamiento afro-caribeño; continuó luego en Asia y África, emergiendo en la fundación misma de la modernidad/colonialidad como su contrapartida. Hacia finales de 1970 comienza a consolidarse en universidades occidentales, especialmente en Inglaterra y los Estados Unidos, un nuevo campo de investigación denominado "estudios postcoloniales".

La emergencia de estos discursos fue provocada, según Castro Gómez y Mendieta (1998), en gran parte por el acceso a las cátedras universitarias de refugiados o hijos de inmigrantes extranjeros: indios, asiáticos, egipcios, sudafricanos, gente proveniente de las antiguas colonias del Imperio británico. Este cuerpo de trabajo, sumado a los estudios subalternos,[3] se constituirá como la base del pensamiento crítico latinoamericano. Con el transcurrir de los años y de la profundización de los estudios, se fue descifrando la complejidad de un grupo que se muestra interdisciplinario pero también transdisciplinario: "dicho grupo es transdisciplinario en cuanto que las preguntas disciplinarias son insertadas en un diálogo con aquellas de otros campos, algunas veces por el mismo autor, conduciendo a nuevas formas de preguntarse..." (Escobar, 2003: 69).

El trabajo de dicho grupo no es solo de interés para las ciencias sociales universales, sino que constituye una nueva perspectiva desde Latinoamérica. Quijano (1998) nos dice que el mismo grupo busca intervenir en el discurso propio de las ciencias modernas para configurar *otro* espacio para la producción de conocimiento. Una forma

---

[3] El concepto y la representación de la subalternidad desarrollados por el Grupo Sud Asiático de Estudios Subalternos conceptualiza al subalterno como un sujeto que emerge en los intersticios de las disciplinas académicas, desde la crítica filosófica de la metafísica o la teoría literaria y cultural contemporáneas, hasta la historia y las ciencias sociales (Castro Gómez y Mendieta, 1998).

distinta de pensamiento, "un paradigma otro" que permita crear la posibilidad misma de hablar sobre mundos y conocimientos de otro modo.

La inclusión de dichos grupos se ha dado considerándolos actores económicos y sociopolíticos relevantes en la historia de América latina. No obstante, según Vargas Soler:

> ... en esa perspectiva la inclusión política y socioeconómica de los grupos subalternos latinoamericanos sigue siendo incompleta (las comunidades afro-descendientes, homosexuales y de mujeres, raramente se consideran) mientras que la inclusión epistémica y ontológica de dichos grupos prácticamente no se ha producido, la descolonización del saber y del ser tampoco se ha dado de manera significativa. En ese sentido hay un importante camino por recorrer y explorar... (Vargas Soler, 2009: 60).

Se destacan dos aportes teóricos claves en las exploraciones decoloniales del grupo modernidad/colonialidad. El primer aporte es iniciado por Aníbal Quijano (2007) al introducir la noción de "patrón colonial del poder". El autor puso énfasis en tres esferas: a) el control de la economía, b) de la autoridad (como por ejemplo formas de gobierno, control militar), y la definición del eurocentrismo no en términos geográficos, sino en términos epistémicos e históricos, y c) el control del conocimiento y de la subjetividad. Esto es, colonialidad del saber y del ser. Al pensamiento decolonial lo caracterizó como "desprendimiento" del eurocentrismo a partir de la cual es posible controlar la economía, la autoridad, el género y la sexualidad, y en definitiva, la subjetividad.

Santiago Castro Gómez (2005) se ocupó del segundo aporte clave al aclarar las relaciones, en la matriz colonial de poder, entre la "dominación material" y la "dominación epistémica". Este autor destaca, basado en la obra *Orientalismo* del palestino Edward Said, la importancia fundamental del conocimiento en el control de la subjetividad y, por consecuencia, en el control de la economía y la autoridad. El giro decolonial que se busca es la apertura y la libertad del pensamiento de formas de vida-otras (economías-otras, teorías políticas-otras); la limpieza de la colonialidad del ser y del saber; el desprendimiento de la retórica de la modernidad y de su imaginario imperial articulado en la retórica de la democracia (Quijano, 1992). El pensamiento decolonial tiene como razón de ser y objetivo la decolonialidad del poder, es decir, de la matriz colonial de poder:

> ... en primer término es necesaria la descolonización epistemológica para dar paso a una nueva comunicación ínter-cultural, a un intercambio de experiencias y de significaciones como la base de otra racionalidad que pueda pretender con legitimidad, a alguna universalidad. Pues nada menos racional finalmente, que la pretensión de que la específica cosmovisión de una etnia particular sea impuesta como la racionalidad universal, aunque tal etnia se llama Europa occidental... (Quijano, 1992: 447).

La opción decolonial surge desde la diversidad del mundo y de las historias locales que, a lo largo de cinco siglos, se enfrentaron con la visión eurocéntrica como la única manera de leer la realidad, monopolizada por la diversidad (cristiana, liberal, marxista) del pensamiento único occidental. Este tipo de pensamiento se afirma en la formación histórica de la matriz colonial de poder en el siglo XVI (y se enfoca en la gestión de la economía, de la autoridad, del género y la sexualidad; de la subjetividad y el conocimiento) y hace del control del conocimiento el instrumento fundamental de dominio y control de todas las otras esferas; es por eso que la descolonización del saber y del ser son para la opción decolonial un eje fundamental (Mignolo, 2009).

1.a. El grupo modernidad/colonialidad

El núcleo modernidad/colonialidad se constituyó -según Pizarro y Cabaluz (2010)- a partir de la segunda mitad de la década de los 90, como una perspectiva crítica de los debates teóricos en torno a la modernidad y el eurocentrismo, que proponía "desde" Latinoamérica la configuración de un "conocimiento otro", un "pensamiento postcolonial". El grupo modernidad/colonialidad emergió del encuentro académico y político de intelectuales latinoamericanos, tales como Enrique Dussel, Aníbal Quijano, Walter Mignolo, Santiago Castro-Gómez, Edgardo Lander, Catherine Walsh, Arturo Escobar, Ramón Grosfoguel, Fernando Coronil, entre otros.

Como sostiene Escobar (2003), el grupo se identificó con una tradición de pensamiento crítico latinoamericano cuyas raíces recientes las encontramos en los 60 y 70 con las teorías de la dependencia, la teología y filosofía de la liberación; en los 80 con los debates sobre la modernidad y la posmodernidad en América Latina; y en los 90 con las discusiones en torno a la hibridización y mundialización de la cultura. Para Lander (2000) los planteamientos del grupo modernidad/colonialidad son expresiones de reflexiones críticas sobre el rol de las ciencias sociales y las humanidades como dispositivos de legitimación y naturalización del orden social. Las producciones del grupo están atravesadas por las conclusiones del Informe Gulbenkian (1996), las críticas al orientalismo, los estudios postcoloniales, las críticas al discurso colonial, los estudios subalternos surasiáticos, el afro-centrismo y el post-occidentalismo, todos los cuales desde distintas perspectivas revisan los planteamientos teóricos, epistemológicos y políticos de los discursos de la modernidad, y analizan la articulación de los saberes con la organización del poder colonial (Lander, 2000).

Mignolo (2006) propuso algunos interrogantes que sirvieron de disparador para la construcción de dicho núcleo: ¿cómo luce hoy en día el proyecto de Horkheimer[4] de una "teoría crítica", cuando están teniendo lugar una serie de revoluciones globales y pluriversales ancladas en historias locales que durante los últimos 500 años no pudieron evitar el contacto, conflicto y complicidad con Occidente?; ¿qué tipo de transformaciones necesita el proyecto de la "teoría crítica" para posicionar temas como el género, la raza y la naturaleza en un escenario conceptual y político?; ¿cómo puede ser asimilada la "teoría crítica" en el proyecto latinoamericano de modernidad/colonialidad? Y, finalmente, ¿tal asimilación sugiere acaso la necesidad de abandonar el proyecto original de la teoría crítica formulado por Horkheimer a comienzos del siglo XX?

Tomando estos interrogantes de investigación, la teoría crítica latinoamericana comenzó a direccionar sus estudios hacia la cuestión de la modernidad/colonialidad/decolonialidad, y su crítica a la visión eurocéntrica de la modernidad, con el fin de buscar un camino propio.

1.b. La visión eurocéntrica de la modernidad desde una perspectiva decolonial

Desde una perspectiva decolonial se torna necesario repensar categorías como la visión totalizadora de la modernidad. Según Dussel (1993), hay dos conceptos de modernidad. El primero se refiere a la modernidad como

---

[4] La teoría crítica de la sociedad se propuso interpretar y actualizar la teoría marxista originaria, se basa en un conocimiento que está mediado por la experiencia, por las praxis concretas de una época, y también por los intereses teóricos y extra-teóricos que se mueven al interior de ellas. Lo cual significa que las organizaciones conceptuales, o sistematizaciones del conocimiento, en otras palabras, las ciencias, se han constituido y se constituyen en relación con el proceso cambiante de la vida social.

un proceso crítico que abre a la humanidad a un nuevo desarrollo del ser humano. Este proceso se lleva a cabo en Europa (esencialmente en el siglo XVIII), y el tiempo y el espacio de este fenómeno lo describe Hegel (1869). Luego sería analizado de forma brillante por Habermas (1988), y es aceptado por toda la tradición europea actual. La segunda etapa de la modernidad es la de la Revolución Industrial del siglo XVIII y de la Ilustración, donde Inglaterra reemplaza a España y Holanda como potencia hegemónica hasta 1945, y fortalece así su rol como líder de la Europa moderna y por lo tanto, de la Historia Mundial.

Los autores de la corriente decolonial coinciden en que los acontecimientos claves para la implantación del principio de la subjetividad moderna son la Reforma, la Ilustración y la Revolución francesa. Aceptan también el Renacimiento italiano, y Ricoeur (1993) propone además el Parlamento inglés. Es decir, la modernidad queda nucleada en cuatro países: Italia, Alemania, Francia, Inglaterra. Esta visión es caracterizada como "eurocéntrica" porque "indica como punto de partida de la modernidad fenómenos intraeuropeos, y el desarrollo posterior no necesita más que Europa para explicar el proceso..." (Dussel, 1993: 30).

Pachón Soto (2007) sostiene:

> ... la modernidad, en un sentido mundial, consistiría en definir como determinación fundamental del mundo moderno el hecho de ser (sus Estados, ejércitos, economía, filosofía, etc.) "centro" de la Historia Mundial. Es decir, nunca hubo empíricamente Historia Mundial hasta el 1492 (como fecha de iniciación del despliegue del "Sistema-mundo"). Anteriormente a esta fecha los imperios o sistemas culturales coexistían entre sí. Solo con la expansión portuguesa desde el siglo XV, que llega al Extremo Oriente en el siglo XVI, y con el descubrimiento de América hispánica, todo el planeta se torna el "lugar" de "una sola" Historia Mundial... (p. 10).

Según Dussel (1993), desde 1492 Europa se autoproclama "centro" de la Historia Mundial, constituye de ese modo, por primera vez en la historia, a todas las otras culturas como su "periferia", y torna a la modernidad una justificación de una praxis irracional de violencia sobre la periferia, ya que su autoproclamación como "centro" está basada en las siguientes premisas que componen el "mito de la modernidad":

1. La civilización moderna se autocomprende como más desarrollada, superior (lo que significará sostener sin conciencia una posición ideológicamente eurocéntrica).
2. La superioridad obliga a desarrollar a los más primitivos, rudos, bárbaros, como exigencia moral.
3. El proceso propuesto por Europa es unilineal, lo que determina una "falacia desarrollista".
4. Todo por fuera del modelo de civilización de Europa es considerado bárbaro, por ello, en último caso se habla de una guerra justa colonial donde se legitima la violencia si fuera necesaria, para destruir los obstáculos de la tal modernización.
5. Al estar basada en la alteridad, esta visión produce víctimas y victimarios, colonizados y colonizadores; donde el héroe civilizador inviste a sus mismas víctimas del carácter de un sacrificio salvador (el indio colonizado, el esclavo africano, la mujer, la destrucción ecológica de la tierra, etcétera).
6. Para el moderno el bárbaro tiene una "culpa" (el oponerse al proceso civilizador) que permite a la "modernidad" presentarse no solo como inocente sino como "emancipadora" de esa "culpa" de sus propias víctimas.

7. En el carácter "civilizatorio" de la "modernidad", se interpretan como inevitables los sufrimientos o sacrificios (los costos) de la "modernización" de los otros pueblos "atrasados", de las otras razas esclavizables, del otro sexo por débil, etcétera.

Para Lander (2000) es este metarrelato –parafraseando a Lyotard (1987)– de la modernidad el dispositivo de conocimiento colonial e imperial en el que se articula a la totalidad de pueblos, tiempo y espacio como parte de la organización del mundo, una forma de organización y de ser de la sociedad. Las formas *otras* de ser, de organización, del saber son trasformadas no solo en diferentes sino en carentes, en arcaicas, primitivas, tradicionales, premodernas. Son ubicadas en un momento anterior del desarrollo histórico de la humanidad, lo cual dentro del imaginario del progreso enfatiza su inferioridad (Lander, 1993).

El acceso a la ciencia y la relación entre ella y la verdad en todas las disciplinas establece una diferencia radical entre las sociedades modernas occidentales y el resto del mundo. Se da, como señala Bruno Latour (2007), una diferenciación básica entre una sociedad que posee la verdad –el control de la naturaleza– y otras que no lo tienen. Pero ¿por qué Occidente se ve a sí mismo de esta manera? Tanto Lander como Quijano coinciden en que el eurocentrismo se fundamenta al menos en dos principios: a) se refiere a que la historia se conceptualizó como trayectoria unilineal y unidireccional que comienza en un estado de naturaleza y culmina en la Europa civilizada,[5] y b) se refiere a la

---

[5] Este principio asociado al evolucionismo naturalizó las diferencias culturales y estableció un estrecho vínculo entre civilización y blanquitud.

racionalidad eurocéntrica que generó una ruptura ontológica entre cuerpo/mente, entre objeto/sujeto[6] (Quijano y Lander, 2000).

Se llega a la conclusión, entonces, de que para los autores que componen el grupo modernidad/colonialidad, a partir de 1492 Europa logra ponerse como centro y constituir discursivamente a las demás culturas como periferias. Desde esta fecha Europa usará la conquista de Latinoamérica para sacar una "ventaja comparativa" determinante con respecto a sus antiguas culturas antagónicas (turco-musulmana). Su superioridad será fruto de la acumulación de riqueza, experiencia, conocimientos y otros factores que acopiará desde la conquista de Latinoamérica.

Sin embargo, América Latina entra en la modernidad como la cara dominada, explotada y encubierta. Es por esa razón, y para un verdadero reconocimiento de América Latina y su papel en la constitución de la segunda modernidad europea, que el grupo modernidad/colonialidad pone un nuevo paradigma: Renacimiento-Conquista de Latinoamérica-Reforma, Ilustración, etc. (Pachón Soto, 2007).

Para lograr una perspectiva latinoamericana se debe pensar por un momento desde el otro lado de las carabelas de Colón: ¿qué implicó la modernidad para aquellos que ya habitaban el territorio de la actual América Latina? Si logramos construir, en palabras de Haraway (1995), este "saber situado" podremos darnos cuenta de cómo la llegada de la modernidad a América Latina, lejos de reconocernos como un *otro*, implicó la imposición de una ideología eurocéntrica legitimadora de las prácticas político-sociales

---

6 Fijando al "cuerpo" como objeto de conocimiento, que articulado al poder colonial permitió la explotación y dominación de las razas desprovistas de racionalidad.

y económicas que se dieron posteriormente. Para Quijano (1988) en América Latina, y hasta bien entrado el siglo XX, se instala una brecha entre la ideología de la modernidad y las prácticas sociales:

> ... la modernidad es una forma ideológica legitimadora de prácticas políticas que van claramente contra el discurso, mientras las prácticas sociales modernas son reprimidas porque no pueden ser legitimadas por ninguna instancia de las ideologías dominantes... (Quijano, 1988: 15).

En el transcurso de los diferentes procesos constitutivos de la modernidad, se fueron configurando las nuevas identidades sociales de la colonialidad (indios, negros, amarillos, blancos, mestizos) y las geoculturales del colonialismo (América, África, Lejano Oriente, Cercano Oriente, Occidente y Europa). Las diferentes experiencias del colonialismo y de la colonialidad se fueron mezclando con las necesidades del capitalismo, y se fueron configurando como un nuevo universo de relaciones intersubjetivas de dominación bajo la hegemonía eurocentrada. Ese universo específico es el que será después denominado modernidad (Quijano, 2007).

La modernidad como visión totalizadora implicó, y aun hoy implica, la negación de la alteridad, la creencia en la superioridad de los valores propios y, a la vez, como conjunto de características, formas y modos de validez universales. Según Castro Gómez (2007), los argumentos y teorías de la modernidad se basan en las dicotomías: autonomía-dependencia, atraso-desarrollo, local-global, centro-periferia, etc.; una lógica binaria que jerarquiza las dinámicas sociales, según su mayor o menor distanciamiento de la tradición. Desde la expansión de Alejandro Magno, el Imperio romano, la expansión musulmana, la conquista europeo-cristiana de América (por españoles, portugueses, ingleses y franceses) hasta la invasión liderada por Estados Unidos a principio del tercer milenio en Afganistán e Irak, esta lógica binaria pareciera ser una constante histórica.

Basado en lo mencionado previamente, Mignolo (2000) se refiere a que la visibilización de los conocimientos *otros* propugnada por el grupo modernidad/colonialidad no debe ser entendida como una misión de rescate fundamentalista o esencialista por la autenticidad cultural. El punto aquí es poner la diferencia colonial en el centro del proceso de la producción de conocimientos.

2. Hacia un giro decolonial

Para el grupo modernidad/colonialidad, el espacio geopolítico en el que se constituye el conocimiento es central. El lugar de enunciación, o sea, la territorialidad en la que se articulan los discursos, son los dominados, oprimidos y explotados de América Latina. Desde allí intentan, como sostienen Pizarro y Cabaluz (2010), comprender las realidades y problemáticas latinoamericanas, siendo objetivo de sus investigaciones la construcción de proyectos emancipatorios, que busquen subvertir las condiciones subalternas que los han constituido.

El núcleo modernidad/colonialidad plantea como uno de sus ejes de estudio los espacios de producción de saber considerados fundamentales para poner en práctica visiones del mundo diferentes. El camino para la descolonización epistémica e intelectual, para Quijano (2007), será construir un saber que provenga de las experiencias coloniales, producido a partir de sus preocupaciones y problemas, pero que a la vez abra el diálogo. En este sentido, Pizarro y Cabaluz (2010) sostienen que los aportes del grupo modernidad/colonialidad y, particularmente, las categorías de "colonialidad del poder" y "geopolítica del conocimiento", se refieren a un proyecto político emancipador. Ambos autores enfatizan cuestiones éticas, políticas y epistémicas para analizar y comprender la realidad social, leen críticamente el capitalismo, el racismo y el patriarcado y, además, intentan constituir un pensamiento territorializado.

En este punto sirve tomar el interrogante que plantea Lander (2000) sobre si desde Latinoamérica se producirá un conocimiento que repita o reproduzca la visión universalista y eurocéntrica del punto cero,[7] o si se impulsará un proyecto emancipador. Lander entiende que todo conocimiento posible se encuentra incorporado en sujetos atravesados por contradicciones sociales, vinculados a luchas concretas. La idea eurocéntrica del punto cero responde a una estrategia de dominio económico, político y cognitivo sobre el mundo, del cual las ciencias sociales han formado parte. Es por eso que desde sus inicios, el grupo modernidad/colonialidad ha venido propugnando por una reestructuración, descolonización o post occidentalización de las ciencias sociales (Quijano, 2007).

En efecto, las ciencias sociales contemporáneas no han encontrado aún la forma de incorporar el conocimiento subalterno a los procesos de producción de conocimiento. Sin esto no puede haber descolonización alguna del conocimiento, ni proyecto liberalizador, ni utopía social más allá del occidentalismo: "la complicidad de las ciencias sociales con la colonialidad del poder exige la

---

[7] La *hybris del punto cero* es un concepto acuñado por Santiago Castro Gómez (2005) para referirse al carácter eurocéntrico de las ciencias sociales como inicio del pensamiento moderno.

emergencia de nuevos lugares institucionales y no institucionales desde donde los subalternos puedan hablar y ser escuchados..." (Quijano, 2007: 15).

En este sentido, siguiendo a Nelson Maldonado-Torres (2006), más que como una opción teórica, el paradigma de la decolonialidad parece imponerse como una necesidad ética y política para las ciencias sociales latinoamericanas; hablamos entonces de un "giro decolonial" en instituciones modernas como el derecho, la universidad, el arte, la política, la economía, entre otros. Así, para Quijano (1998) la poscolonialidad:

> ... es tanto un discurso crítico que pone en primer plano la cara colonial del "sistema-mundo moderno" y la colonialidad del poder subsumida en la propia modernidad como un discurso que resitúa la relación entre las localizaciones geohistóricas (o historias locales) y la producción del conocimiento (p. 22).

El objetivo no es la mezcla de formas de conocimiento, ni una forma de invención del mejor de los dos mundos posibles. Por el contrario, según los autores Castro Gómez y Grosfoguel (2007), el pensamiento decolonial representa la construcción de un nuevo espacio epistemológico que incorpora y negocia los conocimientos indígenas y occidentales (tanto sus bases teóricas como experienciales), manteniendo consistentemente como fundamental la colonialidad del poder y la diferencia colonial de la que vienen siendo sujetos.

Siguiendo a Mignolo (2009), el pensamiento decolonial es una opción de coexistencia (ética, política, epistémica) no pacífica sino de conflicto y de reclamo constante al derecho de re-existencia en todos los órdenes del pensar y el vivir. Es por ello que se hace necesario reunir un proyecto de descolonización que a la vez articule los reclamos y proyectos de quienes experimentaron la historia colonial.

En efecto, desde mediados del siglo XX tuvieron lugar en América Latina y el Caribe significativas contribuciones, como la teoría del desarrollo (Raúl Prebisch); la teoría de la dependencia (Theotonio Dos Santos, Fernando Cardoso, Enzo Faletto, Osvaldo Sunkel y Pedro Paz); el pensamiento nacional-popular (Raúl Haya de la Torre y Arturo Jauretche); la filosofía de la liberación (Enrique Dussel); la pedagogía de la liberación (Paulo Freire); la teología de la liberación (Gustavo Gutiérrez); los análisis sobre marginalidad social (José Nun); el desarrollo a escala humana (Manfred Max Neef, Martín Hopenhayn, Antonio Elizalde); el saber ambiental (Enrique Leff); el postdesarrollo (Arturo Escobar); el buen vivir (Patricio Carpio, Eduardo Gudynas); entre otras.

Sin embargo, frente a estas corrientes de estudios que abogaban por el potencial innovador de los movimientos latinoamericanos en materia de democracia y participación, hubo tesis que defendían, y aun hoy siguen defendiendo, su escaso papel innovador ante las crisis contemporáneas. En líneas generales este argumento parte de la base de que el objetivo de los movimientos periféricos es, ante todo, cubrir las necesidades básicas, y dado que su principal interlocutor es el Estado, se trata de actores colectivos cuyo punto de partida es el de llegada de los movimientos del Norte (Castro Gómez y Grosfoguel, 2007).

El problema de esta visión de la realidad, o intrincada en la "falacia desarrollista",[8] es que niega no solo el carácter totalizador de la visión eurocéntrica, sino que subestima los movimientos sociales. Así:

---

[8] Término que utiliza Dussel (1994) ante la falacia que implicó la visión totalizadora del desarrollo como un proceso homogéneo para todo el mundo.

... incluso antes que llamarlas movimientos sociales se los califica como "populares" (Foweraker; Laclau y Mouffe), "sociohistóricos" (Touraine), "culturales" (Touraine y Khosrokhavar), o simplemente como "viejas luchas" (Mainwarning y Viola). Pero difícilmente se les aplica la categoría "Nuevos Movimientos Sociales"... (Gómez y Grosfoguel, 2007: 247).

Lo que los teóricos poscoloniales empiezan a ver es que la gramática misma de la modernidad, desde la cual se articularon todas las narrativas anticolonialistas, se hallaba vinculada esencialmente a las prácticas totalizantes del colonialismo europeo (Castro Gómez y Mendieta, 1998).

El caso es que los movimientos anticoloniales han sido caracterizados como movimientos de liberación, pero en la mayoría de los casos han perpetuado las estructuras de representación y las prácticas coloniales. De este modo para Mezzadra (2008) la condición postcolonial:

... alude a la pervivencia de las viejas prácticas coloniales, aunque sea bajo nuevas formas y modalidades, que permite describir críticamente la continua reaparición en nuestro presente de fragmentos de las lógicas y de los dispositivos de explotación y dominio que caracterizaron el proyecto colonial moderno de Occidente, reconociendo al mismo tiempo que estos se componen dentro de nuevas constelaciones políticas, profundamente inestables y en continua evolución... (p. 17).

La crítica al colonialismo es entendida como una ruptura con las estructuras de opresión que habían impedido al "Tercer Mundo" la realización del proyecto europeo de la modernidad. No obstante según los autores Castro Gómez y Mendieta (1998), las narrativas anticolonialistas jamás se interrogaron por el estatus epistemológico de su propio discurso.

2.a. La colonialidad del poder

Discutir la modernidad y sus relaciones con América Latina no es para muchos algo cuya importancia sea inmediatamente perceptible. No se trata solamente de un debate euro-norteamericano o de una puesta simplista, de un tema extraño y ajeno para América Latina; por el contrario, en la cuestión actual de la modernidad está implicado el poder y sus mayores conflictos, y en su más amplia escala mundial. Por eso aun si se tratara de un debate exclusivamente euro-norteamericano, no podría resultarnos indiferente. Quijano (1998) sostiene que discutir sobre la modernidad implica volver a mirarse desde una nueva mirada, en cuya perspectiva pueden constituirse en un modo no colonial, nuestras ambiguas relaciones con nuestra propia historia.

Para Sousa Santos (2010) las ciencias sociales están atravesando un momento de crisis reflejada en la renovación y expansión con respecto a la visión eurocéntrica; esta crisis se ha hecho posible gracias a las luchas sociales de los últimos treinta o cuarenta años. El autor se refiere a la emergencia de movimientos sociales en varios continentes (campesinos, feministas, indígenas, afrodescendientes, ecologistas, de derechos humanos, contra el racismo y la homofobia, etc.), en muchos casos con demandas fundadas en universos culturales no occidentales.

A partir de ello, es posible mostrar que la opresión y la exclusión tienen dimensiones que el pensamiento crítico emancipador de raíz eurocéntrica ignoró o desvalorizó, considera Sousa Santos. Mientras que Escobar (2003) argumenta que eso permitió percibir en la historia el poder como una forma de articulación compleja, cuya estructura es de alcance social. La categoría delineada por el sociólogo peruano Aníbal Quijano (2000), "colonialidad del poder", se torna central para el desarrollo de un pensamiento social crítico ya que contribuye a visibilizar los mecanismos coloniales que subalternizan saberes, subjetividades y formas de conocimiento, y porque además, problematiza la multiplicidad de relaciones sociales construidas a partir del poder colonial (Pizarro y Cabaluz, 2010: 152).

El asunto de la colonialidad del poder[9] no tiene que ver solo con el pasado, con las "herencias coloniales", sino que juega igualmente un papel medular en el dominio imperial/neocolonial del presente (Lander, 2000). Para Mignolo (2003), la colonialidad del poder es el dispositivo que produce y reproduce la diferencia colonial. Esta consiste en clasificar grupos de gente o poblaciones e identificarlos en sus faltas o excesos, lo cual marca la diferencia y la inferioridad con respecto a quien clasifica. La colonialidad del poder es, sobre todo, el lugar epistémico de enunciación en el que se describe y se legitima el poder.

El poder para Castro Gómez y Grosfoguel (2007) es un espacio de relaciones sociales de explotación, dominación y conflicto articuladas en función y en torno de la disputa por el control de los siguientes ámbitos de existencia social: 1) el trabajo y sus productos; 2) la "naturaleza" y sus recursos de producción; 3) el género y la reproducción de la especie; 4) la subjetividad y sus productos materiales e intersubjetivos, incluido el conocimiento y 5) la autoridad y sus instrumentos, de coerción en particular, para asegurar la reproducción de ese patrón de relaciones sociales y regular sus cambios.

Según la definición de Aníbal Quijano (2000) la colonialidad del poder está basada en la clasificación de las *razas*. Quijano plantea que es este el dispositivo que fundamenta la clasificación y la dominación social. Desde una

---

[9] El carácter no solo eurocéntrico sino articulado a formas de dominio colonial y neocolonial de los saberes de las ciencias sociales.

mirada epistemológica busca visibilizar que estos mecanismos de dominación no se limitan al período colonial, sino que se rearticulan y reconfiguran, de modo que adquieren multiplicidad de formas manifestadas en todas las esferas y dimensiones constitutivas de lo social (Pizarro y Cabaluz, 2010). En suma, la colonialidad del poder es un modelo hegemónico global de poder instaurado desde la llegada a América, que articula raza y labor, gente y espacio, de acuerdo con las necesidades del capital y para el beneficio de los *blancos* europeos (Escobar, 2003).

Según Lander (2000), la colonialidad del poder se instala con fuerza en América Latina, de la mano de los *señores blancos* latinoamericanos, dueños del poder político, quienes percibían sus intereses sociales como iguales a los de los otros blancos dominantes, en Europa y en Estados Unidos. Se trata de la reproducción, en este caso de un orden colonial, de la mano de las elites regionales y locales. Esa misma colonialidad del poder les impedía, sin embargo, desarrollar realmente sus intereses sociales en la misma dirección que los de sus pares europeos:

> Los colonizadores reprimieron las formas de producción de conocimiento de los colonizados, el patrón de poder aseguró la reproducción de la dominación mediante la imposición cultural, el impulso a la imitación de "lo ajeno" y la vergüenza de "lo propio"... (Lander, 2000).

La perspectiva de conocimiento elaborada en Europa occidental, desde el siglo XVII hasta la actualidad, se fundamenta en una trayectoria unilineal de la historia (y la civilización), y en la diferenciación de Europa/no-Europa según criterios naturales y raciales; no históricos ni de poder. De allí que instalan dualidades o binarismos del conocimiento basados en lo racial: primitivo/civilizado, mítico/científico, irracional/racional, tradicional/moderno, entre otros (Pizarro y Cabaluz,

2010). Para Quijano (2007), la relación entre los pueblos occidentales y no occidentales (o europeos y no-europeos) estuvo siempre mezclada con el poder colonial, con la división internacional del trabajo y con los procesos de acumulación capitalista. Además, Quijano usa la noción de colonialidad y no la de colonialismo por dos razones: en primer lugar, para llamar la atención sobre las continuidades históricas entre los tiempos coloniales y los mal llamados tiempos poscoloniales; y en segundo lugar, para señalar que las relaciones coloniales de poder no se limitan solo al dominio económico-político y jurídico-administrativo de los centros sobre las periferias, sino que poseen también una dimensión epistémica, es decir, cultural (Castro Gómez y Grosfoguel, 2007).

El pensamiento crítico latinoamericano toma esa dualidad como base para la construcción de su teoría. El pensamiento decolonial será entonces un pensamiento creado, en palabras de Mignolo (2000), desde la exterioridad, pero que no buscará entrar en el círculo convencional de la modernidad. Es desde esta *frontera de pensamiento* que se deberá pensar la base para la geopolítica del conocimiento.

2.b. La geopolítica del conocimiento

En armonía con la categoría de "colonialidad del poder", Walter Mignolo construye el concepto de "geopolíticas del conocimiento", el cual vincula la problemática de la producción del conocimiento con espacios geo-históricos situados y centros de poder. Surge el debate, entonces, sobre la necesidad (o no) de crear un saber situado. En este caso resulta interesante la pregunta que realiza Lander (2000): "¿Para qué y para quién es el conocimiento que creamos y reproducimos?".

Los pensamientos no son abstracciones universales fuera de todo tiempo y lugar, sino que se ubican en la geopolítica del mundo, están especializados y tienen sus múltiples historias. Para decirlo en términos de Mignolo (2003), son historias locales que diseñan lo global.

Catherine Walsh (2003), al igual que gran parte de los autores decoloniales, sostiene que los conocimientos humanos que no se produzcan en una región del globo (desde Grecia a Francia, al norte del Mediterráneo), sobre todo aquel que se produce en África, Asia o América Latina, no son conocimiento sostenible. Esta relación de poder marcada por la diferencia colonial y afianzada con la colonialidad del poder (es decir, el discurso que justifica la diferencia colonial) es la que revela que el conocimiento, como la economía, está organizado mediante centros de poder y regiones subalternas. La trampa está en que "el discurso de la modernidad creó la ilusión de que el conocimiento es des-incorporado y des-localizado y que es necesario, desde todas las regiones del planeta, 'subir' a la epistemología de la modernidad..." (Walsh, 2003: 2).

Los diferentes lugares de la historia, de memoria, de lenguas y saberes diversos, ya no son lugares de estudio sino, dirá Mignolo (2003), lugares desde donde se genera el pensamiento; donde se generan las epistemologías fronterizas.[10] Las lenguas coloniales del saber moderno (aquellas derivadas del latín) ya no son suficientes; están limitadas a la visión parcial de su propia historia (la europea), y la perspectiva unilateral y parcial que el saber de lenguas europeas produjo sobre las experiencias coloniales. Entonces Lander (2000) se pregunta: "¿Qué consecuencias

---

[10] En su libro *Historias locales, diseños globales* Mignolo sostiene que el "pensamiento fronterizo" es lugar de enunciación históricamente situado en los bordes (internos y externos) del sistema mundo moderno/colonial. El pensamiento fronterizo surge de la diferencia colonial de poder.

puede tener la geopolítica del conocimiento para la producción y transformación de conocimientos en América Latina?".

Mignolo (2003) nos dirá que, en un primer lugar, es importante dejar de pensar que lo que vale como conocimiento está en ciertas lenguas y viene de ciertos lugares. Una de las consecuencias negativas de la geopolítica del conocimiento es que se publican y traducen únicamente aquellos nombres cuyos trabajos "contienen" y reproducen el conocimiento geopolíticamente marcado. En este marco es importante aclarar que la perspectiva modernidad/colonialidad se distancia de asumir a Latinoamérica como un objeto de estudio (a diferencia de los estudios latinoamericanos que provienen de los Estados Unidos) hacia un entendimiento de la región como una locación geo-histórica con y en una distinta genealogía crítica del pensamiento (Escobar, 2003). Así, Latinoamérica debe ser entendida como una perspectiva o un espacio epistemológico más que como una región.

Como sostiene la pensadora chilena Nelly Richard (1997):

> ... pensar desde Latinoamérica [...] significa reponer en escena la tensión entre lo global y lo local, lo central y lo periférico, lo dominante y lo subordinado, lo colonizador y lo colonizado, esta vez articulado por la academia como máquina de producción y validación internacionales de la teoría poscolonial. La jerarquía del centro no solo se basa en una máxima concentración de medios y recursos, ni en el monopolio de su distribución económica. La autoridad que ejerce el centro como facultad simbólica procede de las investiduras de autoridad que lo habilitan para operar como "función-centro"... (p. 340).

Nelly Richard reprocha el gesto de hablar sobre el colonialismo en América Latina desde la academia norteamericana con el argumento de que los discursos allí producidos reflejan la nueva lógica cultural del capitalismo global: "la autoridad teórica de la función centro reside en ese monopolio de poder de representación según el cual representar es controlar los medios discursivos que subordinan el objeto de saber a una economía conceptual declarada superior..." (Nelly Richard, 1997: 349).

La crítica reside en que ya no sea posible articular una teoría latinoamericana que no pase por la trama conceptual del discurso académico norteamericano, lo cual, en su opinión, constituye una nueva subordinación cultural de la periferia, esta vez ejercida bajo la forma de la producción de imágenes sobre América Latina; es decir, la práctica académica desplegada por los Estados Unidos (Richard, 1998: 349). Entonces, ¿sobre qué escenario se debate hoy lo latinoamericano?

2.c. Respecto a la posibilidad de pensar por fuera de lo *moderno*

La dificultad de imaginar la alternativa al colonialismo reside para Lander (2000) en que el colonialismo interno no es solo una política de Estado, como sucedía durante el colonialismo de ocupación extranjera, sino que "es una gramática social muy vasta que atraviesa la sociabilidad, el espacio público y el espacio privado, la cultura, las mentalidades y las subjetividades..." (Lander, 2000). Tomando esto como base, Escobar (2003) se cuestiona: "¿Podría ser posible pensar sobre y pensar diferente desde una exterioridad al sistema mundial moderno?".

Lander (2000) no obstante ya negaba esa posibilidad:

> ... ningún discurso de diagnóstico social puede trascender las estructuras homogeneizantes del conocimiento moderno, es que nos encontramos irremediablemente presos al interior de jaulas conceptuales en las cuales no existe tensión, fisura ni escapatoria posible... (p. 13).

Esta crítica está bien sintetizada en el siguiente texto:

> ... las críticas tercermundistas al colonialismo, en tanto que narrativas formuladas teóricamente por la sociología, la economía y las ciencias políticas, no podían escapar del ámbito desde el cual esas disciplinas reproducían la gramática hegemónica de la modernidad en los países colonizados. Siguiendo la tesis de Jacques Derrida, Spivak afirma que ningún discurso de diagnóstico social puede trascender las estructuras homogeneizantes del conocimiento moderno. Lo cual significa que ninguna teoría sociológica puede representar objetos que se encuentran por fuera del conjunto de signos que configuran la institucionalidad del saber en las sociedades modernas... (Castro Gómez y Mendieta, 1998: 172).

En cambio, esta es precisamente la posibilidad para Escobar (2003), que puede ser vislumbrada desde el grupo de teóricos latinoamericanos que insertan un cuestionamiento de los orígenes espaciales y temporales de la modernidad, desatando así el potencial radical para pensar desde la diferencia y hacia la constitución de mundos locales y regionales alternativos.

De acuerdo con Maritza Montero (1998), a partir de las muchas voces en busca de formas alternativas de conocer que se han venido dando en América Latina en las últimas décadas, es posible hablar de la existencia de un "modo de ver el mundo, de interpretarlo y de actuar sobre él" que constituye propiamente una episteme con la cual "América Latina está ejerciendo su capacidad de ver y hacer desde una perspectiva *Otra*, colocada al fin en el lugar de Nosotros". Las ideas centrales articuladoras de este paradigma que presenta Montero son explicadas por Lander (2000):

- Una concepción de comunidad y de participación así como del saber popular, como formas de constitución y a la vez como producto de una episteme de relación.

- La redefinición del rol de investigador social, el reconocimiento del Otro como Sí Mismo y por lo tanto la del sujeto-objeto de la investigación como actor social y constructor de conocimiento.
- La idea de liberación a través de la praxis, que supone la movilización de la conciencia, y un sentido crítico que lleva a la desnaturalización de las formas canónicas de aprehender a construirse en el mundo.
- El carácter histórico, indeterminado, indefinido, no acabado y relativo del conocimiento. La multiplicidad de voces, de mundos de vida, la pluralidad epistémica.
- La perspectiva de la dependencia y luego, la de la resistencia. La tensión ente minorías y mayorías y los modos alternativos de hacer-conocer.
- La revisión de métodos, los aportes y las transformaciones provocados por ellos. Las contribuciones principales a esta episteme latinoamericana las ubica Montero en la teología de la liberación y la filosofía de la liberación, así como en la obra de Paulo Freire, Orlando Fals Borda y Alejandro Moreno.

Para Mignolo (2007), el pensamiento decolonial tendría como razón de ser y como objetivo principal la decolonialidad del poder, o sea, la matriz colonial de poder. Para ello sería necesario un giro decolonial (una descolonización epistémica, ontológica y práctica). El giro decolonial para el autor

> ... es la apertura y la libertad del pensamiento y de formas de vida otras (economías-otras, teorías políticas-otras); la limpieza de la colonialidad del ser y del saber; el desprendimiento de la retórica de la modernidad y de su imaginario imperial articulado en la retórica de la democracia... (Mignolo, 2007: 30).

Ese giro decolonial, según Maldonado Torres (2007), implica un cambio en la actitud práctica y de conocimiento ante la modernidad/colonialidad, y se funda en el grito del sujeto colonizado ante el descubrimiento, duda y/o reconocimiento de su colonialidad y ante la modernidad/colonialidad. A partir de ello sugiere que el pensamiento decolonial puede tener elementos modernos o posmodernos, pero ellos no pueden ser ni los más centrales ni constantes (Vargas Soler, 2009).

La descolonización del saber y del ser son condiciones indispensables para poder liberar la subjetividad e intersujetividad del control eurocéntrico y del dominio moderno/colonial/patriarcal/capitalista, así como para posibilitar subjetividades descolonizadas u otros modos de ser y de conocer. Esas subjetividades descolonizadas y esos otros modos de conocer también pueden, según Vargas Soler (2009), contribuir a la configuración y desarrollo de prácticas económicas no capitalistas y/o a la liberación de las prácticas económicas del patrón de poder moderno/colonial/capitalista:

> ... ello se daría en la medida en que las subjetividades emergentes en las relaciones sociales se correspondan y se complementen con las materialidades económicas alternativas, de tal manera que posibiliten la decolonialidad del poder, ello es, subversión y la liberación del patrón de poder/dominio moderno/colonial/capitalista... (Vargas Soler, 2009: 59).

La decolonialidad del poder, como lo advierte Quijano (2008), es central para pensar y posibilitar alternativas verdaderamente emancipadoras del patrón de poder vigente. A ello podrían contribuir las perspectivas y propuestas de economía social/solidaria/ para la vida en la medida en que logren su descolonización y alimenten el debate sobre la colonialidad/decolonialidad del ser, del saber y del poder.

3. Aportes, desafíos y falencias del pensamiento decolonial

3.a. No se trata solo de cambiar los términos

Repensar toda la lógica colonial impuesta hasta el momento implica repesar todas las esferas y ámbitos en los que esta lógica interfiere. No es una cuestión meramente epistemológica, por lo que Sousa Santos si bien entiende que no debe obviarse, tampoco debería ser tomada de forma aislada.

A falta de un mejor término, las prácticas y teorías que desafían el capitalismo son calificadas con frecuencia como "alternativas". Así, por ejemplo, si la teoría convencional habla del desarrollo, la teoría crítica hace referencia al desarrollo alternativo, democrático o sostenible; si la teoría convencional habla de democracia, la teoría crítica plantea democracia radical, participativa o deliberativa; lo mismo con cosmopolitismo, que pasa a llamarse cosmopolitismo subalterno, de oposición o insurgente, enraizado; y con los derechos humanos, que se convierten en derechos humanos radicales, colectivos, interculturales.

En este sentido, se habla de una globalización alternativa, de economías alternativas, de desarrollo alternativo, etc. Existen razones para cuestionar la conveniencia política y teórica de este adjetivo en cuanto que calificar algo de alternativo es ceder de entrada el terreno al que se quiere oponer, reafirmando así su carácter hegemónico. Sin embargo, antes que un cambio de lenguaje, lo que se requiere al comienzo de una indagación que busca teorizar y hacer visible el espectro de alternativas es formular la pregunta obvia: ¿alternativo frente a qué? En otras palabras: ¿cuáles son los valores y prácticas capitalistas que dichas alternativas critican y buscan superar? (Santos-Rodríguez, 2007).

Si el desprendimiento significa cambiar los términos de la conversación (y sobre todo, de las ideas hegemónicas sobre lo que son el conocimiento y el entendimiento), entonces el cambio de terreno es un fenómeno fundamental en este proceso. En consecuencia, el desprendimiento es:

> ... el punto de partida de las prácticas y concepciones de la economía y la política, la ética y la filosofía, la tecnológica y la organización de la sociedad en las cuales no será el progreso y el crecimiento económico, por el bienestar de las personas, lo que motive los quehaceres... (Castro Gómez-Grosfogue, 2007: 253).

El problema para estos autores radica en que los aportes de las zonas geopolíticamente periféricas (sean de sus movimientos y/o de sus intelectuales) generalmente se incorporan sin que cambien los términos del debate. Entonces, la urgencia no es denunciar la falta de referencias producidas en o sobre la periferia, ni tampoco reivindicar la producción de un saber "genuinamente" latinoamericano: "mucho más sugerente es tratar de comprender bajo qué supuestos teóricos y epistemológicos las teorías de movimientos mantienen vigente un pensamiento dicotómico que suprime el potencial de las luchas periféricas como actores críticos de la modernidad..." (Castro Gómez-Grosfoguel, 2007: 49).

Para cambiar realmente los términos, Dussel (2000) propone concebir la modernidad desde un sentido mundial. Esto es, entender su constitución dándole prioridad al momento en el que Europa empieza a tener una centralidad en la configuración del "sistema-mundo", cuando todo el planeta se torna el escenario de una sola Historia Mundial, en la cual los imperios o sistemas culturales dejan de coexistir entre sí y pasan a ser concebidos, por primera vez, como las periferias de un solo centro: Europa. Es el momento en el que surge el *eurocentrismo* de una cultura que, como todas, es etnocéntrica, pero que a diferencia de las demás, pretende ser universal. Por ello, la necesidad de reconstruir desde una perspectiva "exterior", es decir: mundial (no provinciana como eran las europeas), el concepto de modernidad. Ahora no se trata ya de "localizar" a América Latina sino que

> ... se trata de "situar" a todas las culturas que inevitablemente se enfrentan hoy en todos los niveles de la vida cotidiana, de la comunicación, la educación, la investigación, las políticas de expansión o de resistencia cultural o hasta militar... (Dussel, 2005: 69).

3.b. Principales aportes del pensamiento decolonial

Oscar Madoery (2012) sostiene que históricamente el pensamiento latinoamericano y caribeño ha cuestionado la posibilidad de desarrollo en la región de acuerdo con los parámetros occidentales, modernos, capitalistas, señalando asimetrías y ofreciendo alternativas para entender la realidad regional y sus posibilidades de transformación. Los principales ejemplos del pensamiento decolonial se encuentran, para este autor, en el Estructuralismo Periférico, el Liberacionismo Nacional-Popular y la Alternativa del Buen Vivir.

El Estructuralismo Periférico surge a partir de los aportes de Prebisch en la CEPAL y se ve reflejado en la Teoría de la Dependencia. Esta corriente muestra al capitalismo como un sistema mundial de intercambio desigual, diferenciado en "centro" y "periferia". Dussel (2005) encuentra allí una ruptura histórica, ya que el mundo metropolitano y colonial, al ser categorizado como centro y periferia, modifica la geografía del conocimiento. América Latina deja de representar un campo susceptible de ser analizado solamente desde la ciencia occidental para pasar a ser también una localización del análisis en sí mismo, es decir, un ámbito capaz de generar conocimiento propio en sus diversas realidades locales (Mignolo, 2010).

La Teoría de la Dependencia refuerza la noción de heterogeneidad histórico-estructural de las sociedades latinoamericanas y postula que

> ... la polaridad propia del pensamiento modernizador entre sociedad tradicional y sociedad moderna es de poco valor, ya que el desarrollo de una unidad nacional o regional solo puede ser considerado en relación con su inserción histórica en el sistema económico y político mundial, emergente desde la colonización europea... (Madoery, 2012: 67).

Desde finales de la década del 60 y como fruto del surgimiento de las ciencias sociales críticas latinoamericanas (en especial la Teoría de la Dependencia), se produce una ruptura histórica en el campo de la filosofía. Lo que había sido el mundo metropolitano y el mundo colonial, ahora -desde la terminología todavía desarrollista de Raúl Presbisch en la CEPAL- se categorizaba como "centro" y "periferia". A esto habrá que agregar todo un horizonte categorial que procede de la economía crítica que exigía la incorporación de las clases sociales como actores intersubjetivos a integrarse en una definición de cultura (Dussel, 2005).

Continuando con la línea de Dussel, no se trata de una cuestión epistemológica sino conceptual, que permitía comenzar a descubrir las fracturas internas (dentro de cada cultura) y entre ellas, pero no solo como "diálogo" o "choque" intercultural, sino más estrictamente como dominación y explotación de una sobre otras.

3.c. La interculturalidad

La perspectiva decolonial se encuentra en una constante búsqueda de propuestas de pluriversalidad e interculturalidad de grupos subalternos de América Latina. Para Walsh (2007), autora que incorpora el término "interculturalidad" al estudio de las ciencias sociales, la interculturalidad tiene una significación ligada a geopolíticas del lugar, que se funda en la diferencia colonial. Surge de la resistencia de las comunidades negras e indígenas frente a la modernidad/colonialidad y forma parte de la construcción de un proyecto ligado a la descolonización y trasformación social, económica, política y cultural.

La interculturalidad forma parte de un pensamiento "otro" construido desde el lugar político de los grupos subalternos, que contrasta con el multiculturalismo occidentalizante. En efecto:

> ... la interculturalidad es un principio ideológico clave en la construcción de una nueva democracia anticolonialista, antisegregacionista, antiimperialista y anticapitalista que garantiza la máxima y permanente participación de los pueblos y nacionalidades indígenas en las tomas de decisiones. Permite, además, la participación e incorporación de miradas varias y otras (pluridiversas) en la construcción de procesos socioeconómicos y políticos alternativos... (Walsh, 2007).

El aporte central de Walsh es que la interculturalidad introduce y saca a la luz el juego de la diferencia colonial que el multiculturalismo esconde. Con ello se introduce la dimensión colonial del poder no considerada en las discusiones de la diferencia cultural.

Dentro de la Filosofía de la Liberación, Paulo Freire incorpora su obra *Pedagogía del Oprimido* (1968). En este escrito se refiere al sujeto como constructor de su realidad a través de las circunstancias que generan el devenir cotidiano. Estas circunstancias le permiten al individuo reflexionar y analizar el mundo en que vive, pero no para adaptarse a él. Freire habla de una pedagogía liberadora en donde el método deja de ser instrumento del educador con el cual manipula a los educandos porque se transforman en la propia conciencia.

El autor menciona que la superación auténtica de los opresores-oprimidos no está en el mero cambio de lugares, ni en el paso de un polo a otro, ni tampoco radica en el hecho de que los oprimidos de hoy en nombre de la liberación, pasen a ser los nuevos opresores. Sino que implica la existencia de la unión entre las masas. Son estas quienes deben interactuar y comunicarse con el compromiso mutuo de luchar por la liberación, descubrir el mundo, no adaptarse a él, ofreciéndose confianza mutua de tal manera que se alcance una praxis revolucionaria.

La propuesta de Freire implica dos momentos distintos de manera progresiva: uno se refiere a tomar conciencia de la realidad en la que vive el individuo, como ser oprimido siempre sujeto a las determinaciones de los opresores; y la otra, en cambio, consiste en la iniciativa de los oprimidos para luchar frente a los opresores y liberarse para llegar a la praxis.

3.d. El Liberacionismo Nacional-Popular

Esta corriente se centra en la capacidad de acción que poseen los actores como motor potencial de desarrollo de una sociedad, es un pensamiento preocupado por la dominación de las conciencias. Para Madoery (2012), se fue configurando un amplio espectro de pensamiento en Latinoamérica que, si bien no desconoce el peso de los condicionantes estructurales en las sociedades latinoamericanas, enfatiza el poder transformador de los pueblos y líderes de las sociedades. Se trata de

> ... un despertar de las conciencias que se da en el nivel de las sensibilidades, el rescate de la militancia y el compromiso político, la búsqueda de la autenticidad, y que entiende la necesidad de mirar no solo los aspectos económicos de cada sociedad, sino también los aspectos sociales, culturales e históricos... (Madoery, 2012: 68).

Fanon (1961), en su capítulo "Desventuras de la Conciencia Nacional", se refiere a este tema con una fuerte crítica hacia la burguesía y las elites internas que reprodujeron órdenes coloniales:

> ... durante mucho tiempo el colonizado dirigió sus esfuerzos hacia la supresión de ciertas inequidades: trabajo forzado, sanciones corporales, desigualdad en los salarios, limitación de los derechos políticos, etc. Este hombre va a salir progresivamente de la confusión neoliberal universalista para desembocar, a veces laboriosamente, en la reivindicación nacional. Por la impreparación de las elites, la ausencia de enlace orgánico entre ellas y las masas, su pereza, y, hay que decirlo, la cobardía en el momento decisivo de la lucha van a dar origen a trágicas desventuras. La conciencia nacional, en vez de ser la cristalización coordinada de las aspiraciones más íntimas de la totalidad del pueblo, en vez de ser el producto inmediato más palpable de la movilización popular, no será en todo caso sino una forma sin contenido frágil aproximada. La debilidad casi congénita de la conciencia nacional de los países subdesarrollados no es solo la consecuencia de la mutilación del hombre colonizado por el régimen colonial. Es también resultado de la pereza de la burguesía nacional, de su limitación de la formación profundamente cosmopolita de su espíritu. La burguesía nacional que toma el poder al concluir el régimen colonial, es una burguesía subdesarrollada. Su poder económico es casi nulo y, en todo caso, sin semejanza con el de la burguesía metropolitana a la que pretende sustituir... (Fanon, 1961: 163).

3.e. La Alternativa del Buen Vivir

La Alternativa del Buen Vivir discute con las ideas occidentales de bienestar y el antropocentrismo. Implica, según Gudynas (2011):

> ... un cuestionamiento sustancial a las prácticas contemporáneas de desarrollo, en especial su apego al crecimiento económico y su incapacidad para resolver los problemas de índole social, sin olvidar que sus prácticas desembocan en severos impactos sociales y ambientales... (Gudynas, 2011: 30).

Apoyado en la cosmovisión de los pueblos indígenas donde conviven otras espiritualidades y sensibilidades, el Buen Vivir no puede ser reducido a los bienes materiales, sino que hay otros valores en juego: el conocimiento, el reconocimiento social y cultural, los códigos de conductas éticas e incluso espirituales en la relación con la sociedad y la naturaleza (Madoery, 2012: 70). La idea de progreso tiene una historia expresada en las posturas contemporáneas del desarrollo. Gudynas nos dirá que la historia del desarrollo es por demás variada y al mismo tiempo se cuestiona:

> ¿Cuántos países han buscado conscientemente el desarrollo entendido como progreso? ¿Cuántos lo han logrado? La primera pregunta es fácil de responder: casi todos. Contestar la segunda tampoco presenta mayor dificultad: muy pocos. En realidad, lo que se observa en el mundo es un "mal desarrollo" generalizado, existente inclusive en los países considerados como desarrollados... (Gudynas, 2011: 103).

El desarrollo tiene una "azarosa biografía" en América Latina ya que

> desde la Segunda Guerra Mundial ha cambiado muchas veces de identidad y de apellido, tironeado entre un consistente reduccionismo economicista y los insistentes reclamos de todas las otras dimensiones de la existencia social. Es decir, entre muy diferentes intereses de poder... (Quijano, 2000: 45).

Inicialmente, sus promesas fueron movilizadoras, pero "fueron eclipsándose en un horizonte cada vez más esquivo y sus abanderados y seguidores fueron enjaulados por el desencanto..." (Quijano, 2000: 47).

Bajo ese contexto, surge el Buen Vivir como campo de debate. Esto ha sido posible, para García Linera (2011), por la conformación de amplios y diversos escenarios de resistencias a los postulados del neoliberalismo en particular, y como cuestionamiento al mismo concepto clásico de desarrollo en general. Por lo tanto, la caracterización del Buen Vivir, asumido siempre como idea en construcción, exige repasar la conformación de los procesos que hicieron posible su emergencia. En suma, el Buen Vivir mismo "es un concepto en construcción. Es una idea que emerge desde el mundo andino e incluso amazónico, pero recoge los valiosos aportes elaborados en otros rincones del mundo..." (García Linera, 2011: 45).

De esta manera, ofrece un anclaje histórico en el mundo indígena, pero también en principios que han sido defendidos por otras corrientes occidentales que permanecieron subordinadas durante mucho tiempo. Responde a viejos problemas, como remontar la pobreza o conquistar la igualdad, junto a otros nuevos, como la pérdida de biodiversidad o el cambio climático global (Gudynas, 2011).

3.f. Del pensamiento heterárquico al pensamiento fronterizo

Según Castro y Grosfoguel (2007), para desentrañar y superar los fenómenos de la colonialidad el proyecto decolonial también advierte la necesidad de avanzar hacia un pensamiento heterárquico decolonial. Este término fue incorporado por Kontopoulos (1993) para referirse a la formación de una estructura de pensamientos que permita conceptuar las realidades socioeconómicas y culturales con un lenguaje que amplíe el paradigma moderno/eurocéntrico y que permita una mejor comprensión de las realidades históricas y contemporáneas.

Un pensamiento decolonial "que articule genealogías y epistemologías desperdigadas por el planeta y ofrezca modalidades socioeconómicas, políticas y culturales *otras*. El pensamiento fronterizo constituye una opción en ese sentido..." (Vargas Soler, 2009: 60). El pensamiento fronterizo es un concepto creado por Walter Mignolo, y surge como una respuesta decolonial/transmoderna o altermoderna de lo subalterno a la modernidad/colonialidad/capitalista. Ejemplos de esto son las luchas de algunas comunidades negras e indígenas de Colombia, Ecuador y Bolivia así como de los zapatistas en México. Las primeras, según Vargas Soler (2009), redefinen y en cierta manera transforman el Estado nacional en plurinacional, la cultura universal en pluriversal, los derechos del hombre en los derechos de todos, la democracia representativa en participación democrática, además de reivindicar otras maneras de conocer y concebir el mundo. Los zapatistas, por su parte, aceptan la noción de democracia pero la redefinen desde la práctica y las cosmologías indígenas, definiéndola como "el mandar obedeciendo"; asimismo, redefinen el conocimiento como el proceso de "mirar mirando el mirar del otro" teniendo presente que "todos conocemos y somos iguales, pero distintos".

Esos conocimientos y prácticas fronterizas, según lo señala Escobar (2005), generan la necesidad y caminos para la construcción de mundos y conocimientos de otro modo, así como de nuevas teorías de las prácticas, y nuevas prácticas de las teorías que permitan avanzar en la comprensión y liberación de la modernidad/colonialidad eurocentrada.

Finalmente, Mignolo resitúa el pensamiento fronterizo en la intersección de las historias locales y los diseños globales a partir de la materialización de la perspectiva subalterna, para denunciar el hecho de que los diseños globales se ven impulsados por el deseo de homogeneidad y la necesidad de hegemonía. Entonces, únicamente:

> ... a través de la diversidad como proyecto universal podemos imaginar alternativas al universalismo. El pensamiento fronterizo debe apostar por la creación de lo que Glissant define como "diversalidad de la mundialización", interactuando con la "homogeneidad de la globalización... (según Santamaría, 2003: 15).

3.g. Globalización y decolonialidad

Al irrumpir la globalización como categoría de análisis, vinculada a la crisis de la modernidad, el estudio de los movimientos gana, para Castro Gómez y Grosfoguel (2007), todavía más complejidad. Estos estudios son redefinidos por actores que valiéndose de los procesos de globalización, resisten a los perjuicios que trae consigo la crisis de la modernidad. Zygmunt Bauman hace eco de las palabras de Mignolo al decir que la globalización ha creado la falsa idea de homogeneidad, y entonces:

> ... se proponen soluciones locales a problemas globales. No se puede pensar con esta lógica. Es preciso desarrollar soluciones que renieguen de las fronteras territoriales del mismo modo que lo han hecho los bancos, los mercados, el capital de inversiones, el conocimiento, el terrorismo, el mercado de armas, el narcotráfico...[11]

---

[11] Zygmunt, Bauman, "Vivimos en dos mundos paralelos y diferentes: el online y el offline", diario *Clarín*, publicado el 06/07/ 2014. Disponible en https://goo.gl/gBmEbR.

Como explica Arturo Escobar (2003), en las distintas vertientes de las perspectivas críticas de la Ilustración predomina la idea según la cual el proceso de globalización está inextricablemente unido a la actual crisis de la modernidad. Sea porque aquella significa la radicalización de esta, o porque la globalización muestra el fracaso del proyecto decimonónico. Se asume, entonces,

> ... la idea de un orden (moderno) capaz de devenir universal; un orden que, emanado del centro del sistema, y gracias a la globalización, irremediablemente va capturando las distintas racionalidades que, con dificultad, resisten a este proceso en la periferia. Mantener vigente este esquema supone, entre otras cosas, concebir la modernidad como un proceso totalizador que se extiende desde el centro (moderno) hacia la periferia (tradicional). Habría que analizar, entonces, de qué modo la tendencia de la literatura de movimientos a adoptar un pensamiento dicotómico tiene que ver con la *noción eurocéntrica de la modernidad* que, paradójicamente, aquella toma de las perspectivas críticas de la Ilustración... (Castro Gómez-Grosfoguel, 2007: 25).

3.h. Hacia una ecología de saberes

Como propuesta superadora ante el eurocentrismo, Sousa Santos propone la ecología de los saberes. Este autor parte de dos conceptos previos: la sociología de las ausencias[12] y la sociología de las emergencias,[13] que marcan la distancia con relación a la tradición crítica occidental. A partir de ellas es posible delinear una posible alternativa, a la cual Sousa Santos ha llamado "epistemología del Sur".

---

[12] Sousa Santos se refiere a la investigación que tiene como objetivo mostrar que lo que no existe es producido como no existente, o sea, como una alternativa no creíble.
[13] La sociología de las emergencias es el término que utiliza Sousa Santos para referirse a la investigación de las alternativas que caben en el horizonte de las posibilidades concretas (Sousa Santos, 2010).

La ecología de saberes concibe los conocimientos como prácticas de saberes que permiten o impiden ciertas intervenciones en el mundo real. Una de las premisas básicas es que todos los conocimientos tienen un límite interno y externo. Los límites internos están relacionados con las restricciones en las intervenciones del mundo real impuestas por cada forma de conocimiento, mientras que los límites externos resultan del reconocimiento de intervenciones alternativas posibilitadas por otra forma de conocimiento (Sousa Santos, 2010: 52).

3.i. El lugar de la mujer en el pensamiento decolonial

Como ya ha sido mencionado anteriormente, el proyecto decolonial trata de repensar el lugar de esos *Otros* que la modernidad ha ignorado o subalternizado. Dentro de ese *Otro* inferiorizado, también encontramos a la mujer. Es por ello que las corrientes decoloniales feministas se vuelven indispensables para este análisis. Uno de los aportes más importantes, según Pujal (2002), de la teoría feminista ha sido vislumbrar el modo en que ciencia y modernidad están profundamente condicionadas por un enfoque androcéntrico; es decir, por un punto de vista parcial y masculino, que pretende un conocimiento neutral y objetivo.

Las consecuencias de tal enfoque no son solamente la ausencia de datos y teorías que hagan referencia a las mujeres o el predominio de un lenguaje sexista. Un enfoque androcéntrico para Castro Gómez y Grosfoguel (2007), además, tiene el inconveniente de entablar diálogos con las teorías feministas, negándoles estatus epistémico a sus "historias locales". Por ejemplo, los movimientos de mujeres del Sur, lograron ampliar el carácter democrático de las prácticas sociales que definen la ciudadanía, respondiendo a la crisis de los mecanismos convencionales de representación política, redefiniendo, en palabras de Castro Gómez y Grosfoguel (2007), los parámetros de autonomía frente al Estado.

En síntesis, si el pensamiento occidental pone en tensión las interpretaciones del desarrollo, incorporando dimensiones y actores al proceso, el quiebre se produce (2012):

> ... a partir de una lectura política de un pensamiento otro, cuyos principales rasgos son: un pensar situado, es decir la búsqueda de respuestas desde la propia realidad latinoamericana con sus contrastes e identidades; la incorporación de la dimensión subjetiva del desarrollo, a través de una opción por las conciencias, un reconocimiento de las sensibilidades y las espiritualidades y no solo de las racionalidades, como comprensión de un proceso desde los hombres y no para los hombres; y la articulación heterogénea y discontinua de diferentes ámbitos de existencia social, a través de proyectos políticos de transformación social... (Madoery, 2012: 7).

Conclusión

El reto del pensamiento crítico es superar los estrechos márgenes impuestos por la visión totalizadora de la modernidad, para indagar en otros saberes, otras prácticas, otros sujetos, otros alternativos a este orden. Latinoamérica tiene la capacidad ética, política, intelectual, epistemológica de responder al reto de contribuir con sus saberes y sus prácticas a una sociedad equitativa y democrática, y a un modelo de vida sostenible para la mayoría de los presentes y futuros habitantes del planeta Tierra. ¿Cómo responder a estos retos?

El pensamiento crítico, para Sousa Santos (2011), tiene diversos desafíos:

1. El pensamiento crítico latinoamericano, a pesar de sus críticas al eurocentrismo, es de hecho muy eurocéntrico y monocultural. La riqueza del pensamiento popular, campesino e indígena ha sido totalmente desperdiciada. Es preciso poner fin a ese desperdicio de experiencia. No se trata solamente de un nuevo pensamiento crítico, se trata de una manera diferente de producir pensamiento crítico.
2. El pensamiento crítico no ha sabido hasta hoy teorizar las posibilidades de superar las contradicciones, las separaciones, las tensiones entre las subjetividades de ciudadanos organizados, mujeres, indígenas, campesinos, afrodescendientes, y promover alianzas estratégicas y sustentables entre estos movimientos, esto es, alianzas que no escondan la exclusión de algunas subjetividades bajo la apariencia de su inclusión.
3. El Estado como campo de contradicciones sociales es mejor aprovechado por los movimientos populares en tanto es posible combinar la lucha legal y la ilegal, la lucha institucional y la directa, la lucha dentro del Estado y la lucha fuera de este.
4. Muchos de los movimientos que luchan contra la injusticia social no se consideran ni en el capitalismo ni en las versiones conocidas del socialismo. ¿Hay espacio teórico para todos? ¿Qué es el socialismo del siglo XXI? O más bien, ¿socialismos del siglo XXI?
5. Concepciones contrahegemónicas de democracia y de derechos humanos. ¿Cómo pensar en estos más allá del modelo liberal y occidental? ¿Por qué el lenguaje de los derechos se consolidó mejor que el de la utopía? Pensar la democracia como la transformación de todas las relaciones de poder (explotación, patriarcado, diferenciación étnico-racial, fetichismo de las

mercancías, comunitarismo excluyente, dominación, intercambio desigual entre países) en relaciones de autoridad compartida.
6. Internacionalismo o regionalismo. ¿Cómo teorizar de modo poscolonial una identidad regional colonial (latinoamericana, que también es indoamericana y afroamericana)? ¿Hay un capitalismo regional, diferente del global más allá de la teoría de la dependencia? ¿Cómo crear identidades contrahegemónicas y emancipadoras a escala continental? ¿Cómo pasar teórica y políticamente de la resistencia (anti-ALCA) a la propuesta?
7. Desarrollo alternativo o alternativas al desarrollo. ¿El "buen vivir" indígena consignado en la Constitución ecuatoriana es económico o es cultural? La cultura: de la parte al todo. Se trata de reconceptualizar el modo de producción como modo de civilización.

Así comienza el manifiesto publicado por CLACSO (2011) titulado *Por una nueva imaginación social y política en América Latina*, y ese es el objetivo último de este trabajo, realizar un aporte a nuevas formas de pensar la realidad latinoamericana:

> ... reconocer que los seres humanos hacemos nuestra propia historia en circunstancias que no hemos escogido implica asumir el desafío de construir y darle potencia a voces que procuren intervenir en lo que será nuestro futuro. Urge contribuir a edificar nuevas formas de la imaginación porque nuestras economías y nuestras políticas son una encarnación de las coacciones que aceptamos como límites de nuestros pensamientos y aspiraciones. Traspasar las fronteras instituidas, socavar los cimientos sobre los que se erigen las desigualdades contemporáneas, es un desafío colectivo... (p. 1).

Durante este trabajo se han analizado en profundidad las principales nociones que hacen al pensamiento crítico latinoamericano desde una lógica decolonial, pero ¿por qué desde esa lógica? Simplemente porque es esa la historia de América Latina (y de gran parte del Cono Sur). La región es producto de siglos de colonialismo donde no solo se reprodujo una idea de desarrollo inverosímil, sino que también se la mostró como la única opción.

A lo largo de este trabajo ha sido posible analizar todo aquello que está intrínseco a la hora de pensar las ciencias sociales, se torna necesario reconocer que gran parte de nuestras construcciones teóricas tienen epicentro en el viejo mundo, y que son a la vez indispensables e inadecuados para la realidad latinoamericana. Esto nos impulsa a intensificar los esfuerzos para consolidar una geopolítica del conocimiento Sur-Sur. Conocimientos que no reniegan de los aportes decisivos de Occidente, pero rechazan toda pretensión de jerarquía y preeminencia. El conocimiento no solo es situado sino que es terreno de innumerables disputas y tiene efectos constitutivos en el mundo. Así la negación no se torna omisión, sino un lugar de diferenciación.

Se torna fundamental la propuesta de Mignolo de no abandonar la idea de que el conocimiento depende del lugar de enunciación. No se trata de revestir el colonialismo, sino de repensar críticamente todo lo que nos fue impuesto. No nos debemos preguntar *qué fue Cristóbal Colón en América*, sino *qué significó para América la llegada de Colón*.

Esta tesina buscó evitar encerrarse en un debate epistemológico para poder plantear la complejidad que requiere el pensamiento decolonial, se vuelve necesario multiplicar las estructuras de acción de la región sin apuntar a concepciones totalizadoras. Nuestra apuesta, desde

Latinoamérica, debe ser multiplicar y potenciar nuestras capacidades para la construcción de un poder que potencie nuestra región con otras regiones, cuyo objetivo apunte a las construcciones de mayor igualdad, democracia y justicia social.

No debemos subestimar los complejos procesos históricos que se han dado en América Latina, desde las luchas por la Independencia a principio de 1800, hasta la Revolución cubana, las revueltas estudiantiles y obreras, los levantamientos de las mujeres y los *indios,* todos son parte de un proceso que han hecho posible que un indio, una mujer o un obrero hoy sean presidentes, con los mismos derechos a acertar y a equivocarse que los varones blancos.

Recordar que el mundo sigue atravesado por el poder colonial implica, para Castro Gómez y Grosfoguel (2007) reconocer que el primer proceso de descolonización se limitó a la independencia jurídico política de las periferias del sistema mundo moderno/colonial, y por ende que el segundo proceso de descolonización deberá dirigirse a la heterarquía de relaciones sociales que siguen aún colonizadas: raciales, étnicas, sexuales, epistémica, económicas, de género, etc.

Lo opuesto del pensamiento crítico es el conformismo, cínico o resignado, y la ideología que emana de los poderosos y de sus dependencias. Pero existen momentos de la conciencia social latinoamericana que respaldan una voluntad del cambio social, con una crítica al orden capitalista que abre posibilidades para una superación de las relaciones de explotación y subalternidad existentes. Por ello se vuelve necesario trascender las *fronteras de pensamiento,* transformando los horizontes del debate y los límites convencionales; es necesario articular lo social con una nueva política contextualizada en América Latina

Hace miles de años que los autoproclamados responsables del orden mundial decidieron el camino del resto. Y en eso estamos, *condenados por la tierra,* pero nunca reconociendo que es consecuencia del hombre y el sistema que lo respalda. Era inevitable pensar que cuando la visión totalizadora colapsara deberían surgir nuevos paradigmas.

Partiendo de la base de que no es posible concebir las Relaciones Internacionales como una disciplina autónoma, sino más bien sumamente compleja, debemos repensar hacia dónde apuntarán las transformaciones en las ciencias sociales porque eso explicará también el devenir de la sociedad. Y en esa dirección cuestionarnos si reproduciremos un viejo orden que no solo muestra falencias sino también la imposibilidad de responder a cuestiones locales, o lograremos irrumpir con propuestas trascendentes.

Segunda parte

Avances y retrocesos de la integración regional en Sudamérica

¿Es UNASUR la excepción?

PABLO DÍAZ GUERRA

Introducción

El fenómeno de la integración en América Latina se desarrolla en el marco del proceso de transformaciones políticas que se dieron desde el fin de la Guerra Fría. En este sentido, resulta interesante analizar la evolución de la UNASUR, como proceso de integración en el que conviven una heterogénea gama de países, diferenciados por sus particularidades económicas y políticas. Comprender la importancia de las especificidades históricas en el modelo de integración en Latinoamérica es necesario para analizar su impacto en UNASUR y su proyección a principios del siglo XXI.

El presente capítulo tiene como objetivos específicos: a) caracterizar y explicar los conceptos "integración" e "integración regional"; b) analizar los procesos de integración más significativos en Sudamérica, como el MERCOSUR y la Alianza para el Pacífico, en tanto dos modelos que conviven dentro de UNASUR, y c) determinar las fortalezas y debilidades de UNASUR en su actual fase de desarrollo.

Los proyectos e ideas de integración en América pueden vislumbrarse desde fines del siglo XVIII y principios del siglo XIX si repasamos los aportes de Francisco

Miranda y su propuesta "Federación Americana", o los de Mariano Álvarez y la "Identidad Americana". Adentrados en el siglo XIX, y al calor de los procesos de Independencia, se observan las propuestas de Bernardo Monteagudo sobre la "Federación General entre los Estados Hispanoamericanos", y Simón Bolívar (1815) convocando al "Congreso Anfictiónico de Panamá", o en su Carta de Jamaica donde habla de los Estados Unidos de América del Sur. En la formación de Estados-nación, José Martí incorporó el concepto de "Nuestroamericanismo", y Eugenio Hostos la idea de la Confederación Colombiana. Sin entrar a analizar las características de cada uno de los términos, podemos observar que todos ellos fueron la génesis de la integración latinoamericana (Iño Daza, 2013: 2).

Es recién para fines de la Segunda Guerra Mundial que surgen en América los primeros organismos internacionales que van a contribuir a la integración regional en sentido moderno, la Organización de Estados Americanos (OEA) y la Comisión Económica para América Latina (CEPAL), ambos en 1948. Sin embargo, la integración regional avanzó lentamente, para consolidarse junto al fenómeno de la globalización durante los últimos decenios del siglo XX, donde surgen entre otras la Asociación de Libre Comercio (ALALC), la Asociación Latinoamericana de Integración (ALADI), la Comunidad Andina de Naciones (CAN) y el MERCOSUR. La llegada del nuevo siglo vio nacer dos proyectos de raíz puramente sudamericana, como lo son la Alianza Bolivariana para los Pueblos de Nuestra América (ALBA) y la UNASUR.

Habitualmente el término "integración" es muy utilizado en la literatura específica, aunque no existe consenso académico sobre su aceptación. A pesar de eso, la mayoría de las definiciones que se pueden encontrar reducen normalmente el término a acciones con fines cooperativos.

Desde la teoría y dependiendo del enfoque que se utilice, algunos consideran la integración como condición, proceso o resultado.

Al ser un fenómeno complejo, Oyarzun Serrano (2008) propone distinguir la integración en tres áreas, una política, una económica y otra cultural. La integración política se asocia a la toma de decisiones y la búsqueda de cohesión, teniendo como agenda de investigación los efectos de la globalización en el Estado, la vigencia de este y su capacidad para responder adecuadamente a los desafíos actuales. A nivel económico se entiende la integración como el proceso por el cual se busca la gradual eliminación de las medidas discriminatorias entre unidades económicas y la formación de un mercado común entre diferentes Estados. La integración económica total pretende la armonización del sistema financiero con instauración de moneda única, unificación de las políticas económicas de los Estados participantes e instituciones económicas comunes. Una tarea difícil es la de definir la integración social, la cual va asociada a la formación de identidad, sentimientos de pertenencia, establecimiento de nuevos vínculos y gradual transferencia de lealtad. Los indicadores para medir esta dimensión suelen ser diversos (lengua, historia, religión, aumento de migraciones internas, casamientos mixtos entre integrantes de distintos territorios, flujos de comercio intrarregional, comunicaciones, turismo, intercambios estudiantiles, etc.), siendo el nivel de homogeneidad entre los pueblos involucrados el factor que determina el éxito de la integración.

A los fines del desarrollo de un marco teórico/referencial, se tomarán las definiciones de "integración" elaboradas por Ernest Haas (1958), Kark Deutsch (1969) y Johan Galtung (1969), todas sistematizadas en la obra de Nye (1969). Haas definió la integración como un proceso por el cual los actores políticos de diferentes entornos nacionales son llevados a trasladar sus lealtades, expectativas y actividades políticas hacia un nuevo centro, cuyas instituciones poseen o exigen la jurisdicción sobre los Estados nacionales preexistentes. Por su parte, Deutsch expreso que "integrar" significa formar un todo con las partes, transformar unidades previamente separadas en componentes de un sistema coherente, con un sentimiento de comunidad que permita un flujo ininterrumpido de transacciones de comunicación a las que los componentes otorguen un contenido básicamente unívoco allí donde antes se hablaban lenguajes diferentes. Finalmente, Galtung caracterizó la integración también como un proceso por el cual dos o más actores forman un nuevo actor. Si el proceso se completa, se dice que el actor está integrado. Se trata de definiciones generales de un proceso que tiene distintas manifestaciones: física, militar, política, económica.

1. Recorrido histórico por la integración latinoamericana

Si se realiza un repaso histórico por la integración latinoamericana se encontrará como característica fundacional que existieron estímulos para la integración desde los mismos procesos de Independencia. Asimismo, debemos remarcar la constante influencia de Estados Unidos en todo el continente y, en particular, su intervención en los asuntos internos de los países latinoamericanos.

Los ciclos políticos en América Latina suelen durar de 10 a 15 años y van de la mano de los procesos de integración. En los años 70 las dictaduras militares se hicieron del poder, en los 80 emergieron gobiernos socialdemócratas, en los 90 llegó el turno de los gobiernos neoliberales y, finalmente, en el nuevo siglo emergieron los gobiernos populistas. A partir de los cambios de gobierno que se produjeron para los años 2014 y 2015, podemos vislumbrar la aparición de un nuevo ciclo, caracterizado por gobiernos conservadores o de derecha. Con algunas excepciones podemos observar que los cambios políticos se dan como efecto contagio en los países latinoamericanos.

Hemos mencionado que la etapa de mayor impulso en la historia de la integración latinoamericana se dio luego de la Segunda Guerra Mundial. Los procesos de integración fueron evolucionando al compás de las relaciones entre los distintos gobiernos, y los cambios políticos e ideológicos demuestran la evolución de estos a distintas velocidades. Habitualmente se utilizan tres categorías para clasificar los niveles de integración: organizaciones de integración a nivel regional, a nivel subregional y acuerdos entre países o bilaterales.

Esas categorías pueden evidenciarse a lo largo de toda América Latina: en América Central el Mercado Común Centroamericano; en el Caribe la Comunidad del Caribe; en los países andinos la CAN, y en el Cono Sur el MERCOSUR. Fue a comienzos de la década del 60 cuando se suscribieron acuerdos de integración, como pasos previo a formas más profundas de integración. Surgieron así en 1960, la ALALC y el MCCA. Adicionalmente, los países andinos, sin apartarse de ALALC, suscribieron el Acuerdo de Cartagena, que dio origen en 1969 al Grupo Andino. A comienzos de la década del 80 la ALALC fue sustituida por la ALADI (Di Filippo, 1998).

El período 1990-2005 se identifica como una etapa basada en políticas de apertura del "regionalismo abierto". Sin embargo, en los años subsiguientes surgen propuestas con una mirada desde el Sur y que respetan la identidad americana: UNASUR; ALBA y CELAC (Sanahuja y Cienfuegos, 2010).

Un repaso por la historia de la integración en América Latina nos muestra la gran cantidad y pluralidad de proyectos. Analizar cada uno de ellos sería una tarea extensa y compleja que excede el trabajo. Es por ello que sin entrar en detalle sobre todos ellos, se analizarán los más relevantes para Sudamérica y en particular para conocer el estado de la UNASUR.

2. Proyectos desde el Sur: una visión desde Sudamérica

Un repaso sobre los modelos de integración en Sudamérica obliga a detenerse en los vigentes CAN, MERCOSUR, PA y UNASUR, sin poder obviar el intento del Área Libre de Comercio de las Américas (ALCA). Sudamérica experimentó el desarrollo de proyectos de integración tanto en las costas del Pacífico como en las costas del Atlántico.

En un primer período la CAN -fruto del Acuerdo de Cartagena (1969)- fue la semilla de la integración en la región andina de América del Sur. Originalmente conocida como Pacto Andino o Grupo Andino, es un organismo regional integrado por cuatro países: Bolivia, Colombia, Ecuador y Perú luego de la retirada en 1976 de Chile y de la presencia de Venezuela entre 1973 y 2006. Tiene por objetivo alcanzar un desarrollo integral, equilibrado y autónomo de países de la región andina unidos por un mismo pasado.

Durante los últimos decenios del siglo XX, las iniciativas de integración regional en América Latina se basaron en dos enfoques alternativos: por un lado un enfoque limitado de una zona de libre comercio, y por el otro, un enfoque más ambicioso de una asociación política sobre la base de una unión aduanera. El primero representado por ALCA, mientras que el segundo por el MERCOSUR.

El ALCA se remite a una iniciativa de Estados Unidos acordada en la Cumbre de las Américas en 1994, que comprendía a todos los países del continente a excepción de Cuba. El objetivo impulsado por Washington era la expansión del NAFTA a través de la reducción gradual de las barreras arancelarias. En el mismo sentido, a principios del siglo XXI, se fueron incrementando los acuerdos comerciales de Estados Unidos con países latinoamericanos, por ejemplo: el CAFTA con Centroamérica, y acuerdos bilaterales con Chile, Colombia, Perú y Panamá.

Por su parte, el MERCOSUR se constituyó con la firma del Tratado de Asunción en marzo de 1991. A la Argentina, Brasil, Paraguay, Uruguay se sumó la incorporación de Venezuela en 2013. Mientras que Bolivia, Chile, Colombia, Perú y Ecuador son aún asociados (Von Haldenwang, 2005). El fomento del libre intercambio y movimiento de bienes y factores de producción, al mismo tiempo que el avance en una integración política y cultural fueron emergiendo como pilares del MERCOSUR.

Si bien su génesis son los acuerdos que dieron lugar a la Declaración de Foz de Iguazú entre Ricardo Alfonsín y José Sarney, el MERCOSUR logró su personalidad jurídica durante las presidencias de Carlos Menem y Collor de Mello con la firma del Tratado de Asunción. Bajo las presidencias de Luiz Inácio "Lula" da Silva y Néstor Kirchner, el MERCOSUR tomo un nuevo ímpetu y hasta se planteó su ampliación (Von Haldenwang, 2005).

En la actualidad, el MERCOSUR intenta recuperar su equilibrio institucional a partir del regreso de Paraguay (2013) luego de haber sido suspendido aduciendo la Cláusula Democrática,[1] con motivo del golpe institucional al ex presidente Fernando Lugo y la incorporación de Venezuela

---

[1] Protocolo de Ushuaia sobre compromiso democrático en el MERCOSUR, la República de Bolivia y la República de Chile.

como miembro pleno. Con la presencia de Venezuela y la firma del Protocolo de Adhesión por parte de Bolivia, la ampliación del MERCOSUR se convirtió en un hecho.

Tras el fracaso del ALCA en la Cumbre de Mar del Plata (2005) se agiliza el prolongado proceso de gestación de la UNASUR como una "Comunidad Suramericana de Naciones". En la III Cumbre Suramericana, realizada en Cuzco (Perú) el 8 de diciembre de 2004, nace UNASUR, aunque entró en vigencia en 2008 con la firma del Tratado Constitutivo de Brasilia. Bajo el liderazgo de Brasil, escoltado por Argentina y Venezuela, todos los países sudamericanos son miembros. En gran medida, UNASUR es el resultado de la visión brasileña para crear "Sudamérica" como una comunidad políticamente activa y cohesionada (Gardini, 2010).

Aunque a menudo es descripto como la unión o convergencia del MERCOSUR y la CAN, hecho que no sucedió, se trata de un proyecto diferente para Sudamérica. Conformado por los doce países de América del Sur, el Tratado de Brasilia tenía como objetivo construir de manera participativa y consensuada, un espacio de integración y unión en lo cultural, social, económico y político entre sus pueblos (Tomas, 2010). Es por ello que UNASUR se consolida como un nuevo esquema de cooperación intergubernamental de carácter esencialmente político, relegando lo económico (Tomas, 2010). Si bien la dimensión económica no se encuentra desarrollada como en los MERCOSUR o CAN, una de las principales iniciativas de la UNASUR es la creación de un mercado común, comenzando por la eliminación de las tarifas a los productos no sensibles para el año 2014 y los sensibles para 2019 (Resico, s.f.).

Por lo tanto, resulta difícil caracterizar a UNASUR como un marco de integración económica en el sentido que habitualmente se ha dado a esa expresión en América

Latina, dado que las metas económicas y comerciales aparecen diluidas en una agenda muy amplia de objetivos. Sin embargo, UNASUR es la cuarta economía del mundo por sus riquezas y crecimiento económico, unida por una geografía e historia en común y no por la afinidad política o ideológica de sus países (Carrion Mena, 2013). Por su parte, Sanahuja y Cienfuegos (2010) describen a la UNASUR sobre la base de tres pilares: la concertación y coordinación de las políticas exteriores; la convergencia de la CAN, MERCOSUR y Chile, Guyana y Surinam en ALCSA, y la integración física, energética y de comunicaciones en Suramérica, en el marco de la IIRSA.

El denominado quinquenio dorado para la integración latinoamericana, comprendido entre el rechazo del ALCA y la creación de la CELAC en febrero de 2010, se esfumó cuando los presidentes de Chile, Colombia y Perú anunciaron la creación de la AP, de carácter liberal, librecambista, alineada con los intereses funcionales de Estados Unidos y abierta a la participación de cualquier país extrazona que comulgue con las ideas del libre mercado (Pérez Llana, 2014).

La AP es una iniciativa de integración regional formada por Chile, Colombia, México y Perú. Puede definirse como un mecanismo de integración económica y comercial que incluye un importante componente de cooperación, y un compromiso en materia de facilitación migratoria. Se presenta a sí misma como un grupo de países estables que respetan la democracia y el estado de derecho y que ofrecen oportunidades de inversión con el libre comercio (Peyrani y Geffner, 2013).

3. MERCOSUR y Alianza del Pacífico: ¿dos modelos opuestos?

La importancia global de un bloque regional suele determinarse por el tamaño del mercado que conforman los países miembros medidos en términos de la suma del PBI de estos y de su población. Los defensores de la AP han resaltado insistentemente el tamaño del mercado, valorando la presencia de México y totalizando más del 35% del PBI de América Latina. Sin embargo, no alcanza a equiparar al MERCOSUR como quinta economía del mundo y la mayor economía latinoamericana (MREyC, 2016).

Si analizamos los dos modelos, podemos observar *a priori* que la estrategia de inserción externa de los países es distinta en ambos modelos. Los miembros del MERCOSUR no pueden firmar tratados de libre comercio individualmente, mientras que los países miembros de la AP sí. Esta diferencia se pone de manifiesto si observamos los acuerdos comerciales que suscribió cada uno. Mientras que el MERCOSUR tiene firmados acuerdos comerciales con Israel, Egipto y la autoridad Palestina, la AP tiene tratados con Estados Unidos, la Unión Europea y varios países de Asia (Peyrani y Geffner, 2013). Si se analiza el crecimiento del modelo impulsado por la AP, se observa que es producto de acuerdos comerciales que mejoran las condiciones de acceso de productos de países que compiten con el MERCOSUR, lo que llevaría a que este bloque no se beneficie y probablemente que sus exportaciones sean desplazadas.

En cuanto a las medidas políticas y económicas implementadas por los gobiernos sudamericanos en el siglo XXI, se observan diferencias, aunque en general debemos resaltar que los países deben su crecimiento a la explotación y exportación de los recursos naturales. El crecimiento y desarrollo de China ha generado un desplazamiento de los ejes comerciales, financieros, de inversiones y estratégico-militares a la Cuenca del Asia Pacífico y en consecuencia ha generado una gran demanda de materias primas de la región (Peyrani y Geffner, 2013). El resultado de estas políticas ha sido el siguiente: a) en el Cono Sur, más crecimiento y menos distribución; b) en los países andinos, crecimiento moderado con una importante reducción de la desigualdad. Posiblemente, el control directo de los recursos naturales (petróleo y gas) en estos últimos, frente a las estrategias de tipo impositivo en los primeros, explique la mayor intensidad distributiva de los países andinos.

La asunción en 2014 de Michelle Bachelet en su segundo mandato como presidente de Chile sembró un interrogante en la AP luego de que anunciara que la Alianza "representa una genuina oportunidad de unión, intercambio y cooperación entre las economías de toda América Latina" (Nueva Sociedad, 2014). Sin embargo, la llegada al poder de Mauricio Macri en Argentina y la participación del país en calidad de observador en una de las reuniones de 2016, despejó las dudas acerca de la continuidad de la AP.

El MERCOSUR está sufriendo en la actualidad una gran dificultad para su normal funcionamiento ya que tres de sus miembros (Argentina, Brasil y Paraguay) no reconocen los plenos derechos de Venezuela a ocupar la presidencia *pro tempore* del presente período. Empero, el MERCOSUR sigue siendo el proyecto con mayor profundidad de integración en América Latina, aunque no haya logrado su objetivo: creación de un mercado común. En palabras de Samuel Pinheiro Guimaraes, la construcción del bloque económico de América del Sur deberá generarse a partir de la expansión gradual del MERCOSUR (Malamud, 2014).

Si bien ambos procesos de integración pueden ser presentados como opuestos, no hay que dejar de considerar que la mayoría de los países que integran la AP son países asociados al MERCOSUR, y a la inversa hoy Argentina como miembro de MERCOSUR es país observador de la AP. Profundizando aun más en la asociación latinoamericana, todos los estados miembros de ambos bloques integran ALADI.

4. UNASUR hoy y su futuro incierto

El actual secretario general de UNASUR, Ernesto Samper (2016), define al bloque como un escenario político que toma como ejes fundamentales: a) la preservación de la región como una zona de paz; b) la defensa de la continuidad democrática y c) el aseguramiento de la vigencia de los derechos humanos.

Alain Reinoso (2013) sugiere que en UNASUR coexisten países con diferentes estrategias de desarrollo e inserción internacional. Por un lado, hay países que impulsaron un proceso de liberación y apertura combinado con la firma de tratados de libre comercio. Por otro, hay países que cuestionan estas estrategias porque sostienen que no contribuyen al desarrollo de los países. Tokatlian (2014) indica que existe una menor presencia relativa y la disminución de la influencia de Estados Unidos en la región, particularmente en América del Sur, y la emergencia de Brasil como jugador global y potencia líder regional.

Hay indicios de que UNASUR tiene un carácter multidimensional, considerando: a) en el nivel político, una pronunciación a favor de la democracia; b) en el nivel militar, la constitución del Consejo de Defensa; c) en el nivel financiero, la conformación del Banco del Sur; d) en el nivel de infraestructura, la iniciativa para la integración de la Infraestructura Regional Sudamericana, y e) en el nivel económico-comercial, la decisión de avanzar en la desgravación arancelaria (Tomas, 2010).

Desde su fundación, aparecen temas que si bien no son completamente nuevos, habían quedado marginados en la práctica de los acuerdos tradicionales de integración: complementación productiva, intercambio de paquetes tecnológicos, comercio compensado, soberanía alimentaria, soberanía energética, soberanía científica y tecnológica, y defensa de los bienes comunes (Roncal Vattuone, 2015).

Puntualmente, los primeros años de la UNASUR estuvieron alentados por la presencia de figuras políticas destacas en varios de los países miembros. Luiz Inácio Lula da Silva, Hugo Chávez, Evo Morales, Rafael Correa, Néstor Kirchner y, luego, Cristina Fernández contaban con capacidad de movilizar amplios y mayoritarios sectores de la sociedad civil y, en materia de política exterior, confluían hacia criterios comunes de inserción internacional. Repasando las experiencias de estos años, podemos observar y determinar que el gran avance de la UNASUR estuvo caracterizado por el nivel de hiperpresidencialismo (Comini y Frenkel, 2014).

Sin embargo, las mismas características que hicieron crecer de forma acelerada la UNASUR fueron las que pusieron un freno a partir de 2011. Las muertes de Néstor Kirchner (2010) y Hugo Chávez (2013) sumadas al fin del mandato de Lula (2010) y la destitución de Fernando Lugo en Paraguay (2012) fueron todos sucesos que contribuyeron a un estancamiento del proceso de integración. Además de ello, los tres países que lideraron el proceso de formación de la UNASUR (Argentina, Brasil y Venezuela) se encuentran sumergidos en crisis políticas y/o económicas de distintas envergaduras.

En Argentina, Cristina Fernández sucedió a su esposo en el mando presidencial, función que cumplió por dos períodos consecutivos (2007/2011-2011/2015). El frente político kirchnerista se encargó de liderar el movimiento de inserción a nivel sudamericano. Pero casi imprevistamente y en segunda vuelta, Mauricio Macri logró a finales de 2015 ganar la Presidencia.

Desde entonces, el futuro tanto de MERCOSUR como de UNASUR se puso en dudas. Desde la cancillería argentina se anunció la desideologización de la política exterior, pero algunos signos como el acercamiento de Macri a la AP demuestran al menos un viraje en los procesos de integración donde participa el país. Precisamente, la aprobación por parte de la AP de la solicitud argentina de integrarse al mecanismo de integración como país observador[2] y la presencia de Mauricio Macri en la XI Cumbre de la Alianza del Pacífico -desarrollada en la ciudad chilena de Puerto Varas- son muestras de ello. Asimismo, el gobierno de Macri se encuentra atravesando un escenario económico interno adverso, que no le permite avanzar enérgicamente en la integración.

Por el lado de Brasil, el gobierno popular y nacionalista también retrocedió. Dilma Rousseff fue quien sucedió a Lula en 2011 y con esto continuó el Partido de los Trabajadores en el gobierno. El mandato de Dilma estaba orientado a la consolidación de Brasil no solo en la región sino a nivel mundial, ya que en poco tiempo se convirtió en la sexta economía del mundo. Pero no todo brilló como se esperaba, en el transcurso de dos eventos de

---

[2] Son países no miembros que pueden participar como observadores de acuerdo con las disposiciones establecidas por el Consejo de Ministros.

transcendencia mundial, Copa del Mundo de Futbol 2014 y Juegos Olímpicos 2016, se desencadenaron una serie de escándalos políticos. Dilma fue sometida a un proceso de *impeachment*[3] y como consecuencia de este, fue suspendida en el cargo de presidente. Finalmente, fue destituida el 31 de agosto de 2016. Michel Temer, quien fuera compañero de fórmula, quedó al mando del gobierno, y con ello, Brasil, que había asumido el rol de líder dentro de UNASUR, se encuentra hoy discutiendo problemas de política interna.

Casi en simultáneo a lo sucedido en Brasil, la oposición salió a la calle a manifestarse en contra del gobierno encabezado por Nicolás Maduro en Venezuela. La denominada "Toma de Caracas" tuvo lugar el 1 de septiembre de 2016 y reflejó el malestar del pueblo venezolano contra las medidas sociales y políticas económicas de una Venezuela que post Hugo Chávez no encuentra su rumbo. Sumado a ello, en un MERCOSUR con gobiernos que no le son tan cercanos desde el punto de vista ideológico, Venezuela ha estrechado sus lazos con Bolivia, Ecuador, Cuba, y con los centroamericanos El Salvador y Nicaragua, para así reeditar el histórico ALBA.

Los países que encabezaron y lideraron la UNASUR con raíces y visiones estrictamente desde el sur, se encuentran hoy resolviendo cuestiones de agenda interna y, en consecuencia, eso desacelerará los procesos de integración.

---

[3] El concepto de *impeachment*, impugnación, proviene del derecho anglosajón, especialmente de los Estados Unidos y Gran Bretaña, y es el proceso a través del cual se puede destituir legalmente a un presidente o jefe de gobierno electo.

5. Fortalezas y debilidades de UNASUR

A pesar de ser un proceso de integración joven -por sus 8 años de vida- podemos encontrar dentro de UNASUR un escenario activo que pone de manifiesto fortalezas pero asimismo ciertas debilidades. Hay quienes encuentran entre las debilidades de UNASUR que existe una amplia diversidad social y política de los países miembros, y si bien hay afinidades históricas, culturales, religiosas entre sus miembros, estas no logran constituir hoy un bloque homogéneo en materia de intereses y propósitos. El tamaño económico y los niveles de ingresos *per capita* evidencian una gran diferencia entre los países miembros.

A esa perspectiva, se agrega un dato no menor. A lo largo de 2014 se han desarrollado procesos eleccionarios al más alto nivel y el resultado ha sido un claro retroceso para los gobiernos considerados progresistas. En Brasil, Dilma Rousseff logró la reelección del cargo de presidente en un ajustado balotaje,[4] con lo cual mantuvo al PT en el gobierno. No obstante, el juicio político marcó el final de ese proceso. En Argentina, la victoria de Mauricio Macri por la coalición del PRO orientó al país hacia nuevas posiciones políticas, las cuales desaceleran el proceso de integración regional. Maduro, en Venezuela, está atravesado un escenario político, social y económico muy complicado, lo cual pone en evidencia la alta inestabilidad política y la incapacidad de generar consensos políticos a favor de la integración regional. ¿Dónde lograron victorias los gobiernos populares y nacionales? En Uruguay, y en segunda vuelta, Tabaré Vázquez logró mantener al Frente Amplio en el gobierno. Por su parte, Michelle Bachelet asumió el

---

[4] En algunos sistemas electorales, segunda votación que se lleva a cabo entre los dos candidatos más votados en la primera, cuando ninguno ha obtenido la mayoría requerida.

cargo de presidente en Chile el 11 de marzo de 2014, por la coalición Nueva Mayoría, lo que marca el regreso de un gobierno de izquierda, luego de 4 años de mandato de Piñera. En Bolivia, Evo Morales logró en 2014 su segundo período en el cargo de presidente, pero dos años más tarde perdió el referéndum que le permitía la reelección por otro período.

Pero la debilidad del proceso de integración ya había hecho su aparición ante la incapacidad de nombrar un nuevo secretario general, luego de la muerte de Néstor Kirchner (Carrion Mena, 2013). Fue recién el 22 de agosto de 2014 cuando los países miembros nombraron al ex presidente de Colombia, Ernesto Samper, como sucesor en la Secretaría General.

A pesar de las voces que pregonan su fracaso, UNASUR ha dado muestras de efectividad en materia de seguridad y defensa, desastres naturales, políticas sociales y diálogo político. Entre sus fortalezas, podemos destacar los sucesos donde tuvo un rol importante: a) la defensa del sistema democrático en Paraguay (2012) y Ecuador (2010); b) el conflicto entre Colombia y Venezuela (2010); c) el repliegue militar marcado con el retiro de la base militar de Estados Unidos en Manta (Ecuador, 2009); c) se opuso al golpe de Estado en Honduras (2009); d) la creación del Consejo de Defensa Sudamericano (patrocinado por Brasil, 2008); e) el rol clave para resolver la crisis política en Bolivia (2008); entre los más destacados.

A nivel económico, los países miembros de UNASUR poseen un gran potencial energético y de materias primas que podría emplearse para confirmar una integración energética y productiva. Incluso podrían posicionarse como un jugador decisivo en la competencia mundial. Si bien la evidencia muestra un nivel de apertura comercial al interior muy bajo, la integración productiva podría ser un punto clave para generar un comercio intrarregional con apoyo de recursos del Banco del Sur. En efecto, la experiencia que observamos en el mundo de la Unión Europea e incluso, más reciente y significativa, del Asia del Este, muestra que el papel del comercio intrarregional ha sido clave para el desarrollo económico de los países tanto por el crecimiento económico como también por las transformaciones que mejoraron los intercambios comerciales de tipo intraindustrial, favoreciendo las cadenas de valor agregado.

UNASUR desde lo político también consolida la estabilidad política y la seguridad democrática en la región. Como ejemplos de esa tendencia, podemos mencionar los siguientes: supervisó elecciones en Ecuador y Colombia en 2014; aprobó la creación de la Escuela Suramericana de Defensa para capacitar a civiles y militares; tiene en vigor el Protocolo Adicional al Tratado Constitutivo sobre Compromiso con la Democracia (conocido como Cláusula Democrática) y facilitó el diálogo entre gobierno y oposición en Venezuela (Grieco, 2014).

Por otro lado, también hay que prestar particular atención al Acuerdo Estratégico Transpacífico de Asociación Económica, firmado en 2005 por Brunei, Chile, Nueva Zelanda y Singapur. Este acuerdo con características de libre comercio se vio ampliado en 2008 con la inclusión de Australia, Estados Unidos, Japón, Malasia, México, Perú y Vietnam, y puede presentarse como un escenario competitivo para la integración regional.

Finalmente, en el tintero de temas inconclusos ha quedado el proyecto de ciudadanía suramericana impulsado por el propio Samper en 2016, que busca ampliar la visa del MERCOSUR, situación que puede contribuir al fortalecimiento de la UNASUR.

Conclusión

El inicio del siglo XXI encuentra a los pueblos de la región ante un escenario que potencia la integración con un enfoque geopolítico desde Latinoamérica. En este sentido, los países de América del Sur presentan buenas condiciones iniciales ya que tienen una historia compartida en luchas de Independencia. El simple hecho de que mayoritariamente los países comparten una lengua común no es un dato menor en cuanto a integración se refiere. Sus espacios geográficos son favorecidos por la dotación intensiva de recursos naturales, que han sido siempre la *vedette* de las economías regionales.

A lo largo de la historia, el regionalismo en América Latina ha encontrado dificultades por los acuerdos "Sur-Norte", donde aparecen Estados Unidos, la Unión Europea y otras potencias extrarregionales como China. Estas propuestas, que responden a la lógica de "libre comercio", son a largo plazo incompatibles con la integración regional o al menos con el desarrollo industrial local.

Sin embargo, el despertar sudamericano puesto en evidencia tras el fracaso del ALCA en la Cumbre de Mar del Plata de 2005 alcanzó su máxima expresión tres años más tarde, con la creación de la UNASUR. A partir de entonces, muchas medidas adoptadas para solventar los escenarios de crisis fueron decididas por UNASUR y no a través de una resolución de la OEA ni de algún país vecino. Es otras palabras, UNASUR está creando una nueva dimensión de interacción política, social y económica que favorece la integración regional desde una perspectiva local.

La integración latinoamericana se ha visto tensionada por varios conflictos bilaterales, como el diferendo entre Bolivia y Chile por la salida al mar; disputas limítrofes entre Honduras y Colombia por islas del Mar Caribe; entre

Argentina y Uruguay por motivos ambientales. A esos casos se suma la suspensión en 2012 de Paraguay dentro del bloque de MERCOSUR; la crisis económica y política que atraviesa Brasil desde 2015 y que desencadenó la destitución de su presidente, y la crisis económica de Venezuela que tiene en jaque al presidente Maduro.

Pero no hay proceso de integración en el mundo que no haya tenido que superar desconfianzas y crisis. En este contexto y durante sus primeros años de vida, UNASUR se ha posicionado dentro de Sudamérica como el espacio para la resolución de conflictos, siendo una instancia para la cooperación y el dialogo a pesar de la heterogeneidad política, económica y social de sus miembros. Ha contribuido al fortalecimiento de los gobiernos locales y ha pasado a ser un actor importante para garantizar la continuidad democrática y la seguridad en la región.

Desde el punto de vista económico, si bien se encuentra muy retrasada en comparación con otros modelos de integración, sobre todo con el MERCOSUR y la Alianza del Pacífico, la integración cobra fuerza mediante la creación del Banco del Sur. En cierto modo, esos dos modelos de integración coexisten en su interior, y será necesaria una definición en algún punto. Al respecto, hay quienes afirman que la conformación de la Alianza del Pacífico impacta en forma directa sobre las estructuras productiva existentes en la región de forma negativa y, por tanto, de imponerse en el tiempo, marcaría un retroceso en la situación actual sudamericana (Peyrani y Geffner, 2013). Las estrategias geopolíticas y los pensamientos ideológicos similares de Kirchner, Lula y Chávez fueron los factores que impulsaron el rápido desarrollo de la UNASUR. La ausencia notoria de esos liderazgos, sumada a los cambios de signo político que se dieron fundamentalmente en Argentina con el fin del gobierno kirchnerista (2015) y en Brasil con el fin del Partido de los Trabajadores (2016), han paralizado o al menos desacelerado la marcha de UNASUR.

Si bien es muy breve el período transitado desde su origen para diagnosticar el futuro de UNASUR, quedan en evidencia -una vez más- las dificultades históricas de integración en la región. Hoy, la gran disyuntiva que emerge en Sudamérica es si hay voluntad política suficiente para redoblar la apuesta por la integración, concretamente en UNASUR.

Consejo de Defensa Sudamericano

Incipientes pasos hacia la protección regional

Lucía Guiñazú y Joaquín Poleri

Introducción

En esta sección del libro se analizará la inversión en materia de defensa de los países sudamericanos, haciendo hincapié en el proceso al interior de UNASUR que implicó la creación y desarrollo del Consejo de Defensa Sudamericano. Particularmente, se diferenciará el aporte que cada país integrante le ha conferido y su visión aislada en la cuestión de la defensa nacional y regional. *¿Cuál es la importancia que tiene la inversión individual de cada país en la creación y desarrollo de un Consejo de Defensa?* Con el propósito de dar respuesta a ese interrogante central, se presentan una serie de objetivos específicos, entre los que se destacan: a) comparar los gastos militares de Brasil, Chile, Venezuela, Argentina y Uruguay; b) describir la importancia que cada uno de estos Estados le confiere al área de Defensa y cómo eso impacta en el Consejo, y d) determinar las posibles amenazas que justificaron la creación de una defensa en Sudamérica.

La hipótesis central del trabajo es la siguiente:

> Aunque no se hayan producido conflictos militares en las últimas décadas, y las amenazas a la región sean más difusas que en épocas anteriores, el sistema regional (al igual que el internacional) se sigue midiendo en una lógica realista, por tanto,

el poder de las armas continúa teniendo una importancia vital. Es por eso que los países de la región buscan incrementar su inversión en defensa.

Se analizará entonces la génesis del Consejo de Defensa Sudamericano hasta la actualidad y los factores que facilitaron sus avances y retrocesos, considerando por supuesto central que la mayor inversión en defesa incrementa la autonomía en una coyuntura de potenciales conflictos regionales. Lejos de aquel pasado colonial que unió a los pueblos de la región, hoy es la integración regional y la apuesta por una defensa común la que renueva el ideal bolivariano, en el cual se limita la participación de potencias extrarregionales. Así, la integración aparece como una oportunidad de autodeterminación regional que pasa de una entidad abstracta a un realidad concreta en tanto se logre armonizar los intereses nacionales con el ideal de seguridad regional.

1. Nociones teórico-conceptuales para el análisis

La teoría del realismo -enfoque dominante en las relaciones internacionales- ha contribuido a la generación de respuestas en materia de política y seguridad internacional y se ha afianzado en los centros de poder mundial. No obstante, consideramos que la problemática de la seguridad y defensa regional debe leerse y analizarse desde un paradigma local que reconozca las especificidades de Sudamérica porque -concordando con Paradiso- la contención seguirá viva, esperando a quien contener, buscando nutrirse de nuevos enemigos ya sean reales o imaginarios. Es entonces vital analizar la evolución del Consejo de Defensa Sudamericano desde el Sur, con teorías propias y no importadas de los centros de poder mundial.

Se tomará como herramienta la Teoría de la Autonomía de Juan Carlos Puig y, más precisamente, el concepto de "autonomía heterodoxa". Porque se entiende que con el fin de la Guerra Fría se abrió una nueva oportunidad para establecer una agenda de cooperación entre los países latinoamericanos y, si bien ha generado conflictos en otras zonas del mundo, en América Latina impactó de manera positiva porque creó mecanismos regionales de cooperación propios e independientes, los cuales comparten la particularidad de haber atravesado procesos de paz democrática y la erradicación de conflictos bélicos. En este sentido, la heterogeneidad política, social y económica está siendo superada gracias a la generación de estas instituciones regionales y subregionales. La "autonomía heterodoxa" considera que quienes detentan el poder de un Estado siguen aceptando la conducción estratégica de la potencia dominante, evitando la confrontación en esas cuestiones, pero discrepan en ciertos puntos. Este tipo de políticas se enmarca en un plan más amplio que supone velar por los intereses del país en el contexto del sistema internacional vigente y que, a la vez, permita aprovechar espacios de poder que van dejando u omitiendo las potencias dominantes.

Otra herramienta teórica fundamental en el análisis es la lectura de Russell y Tokatlian, quienes nos hablan de la "autonomía relacional", definida como "la capacidad y disposición de los Estados para tomar decisiones por voluntad propia con otros y para controlar conjuntamente procesos que se producen dentro y más allá de sus fronteras" (Russel y Tokatlian, 2001: 88). Desde este enfoque se fomenta la participación conjunta de los Estados en ámbitos multilaterales y procesos de integración, se destaca la creciente importancia de las normas y las instituciones en la dinámica de las relaciones internacionales. De esta manera, se desprende que la autonomía puede y debe construirse sobre la base de la cooperación internacional, aprovechando las oportunidades y espacios que brindan las instituciones y los regímenes internacionales.

A través de esta teoría y enfoques, desde las raíces latinoamericanas, se aborda la génesis del Consejo de Defensa Sudamericano como una muestra de autonomía y autodeterminación de la política regional ante un sistema internacional todavía con supremacía del gigante del Norte.

Muchos autores hablan de una posible carrera armamentista en la región, sin embargo, se considera que para que existiese una verdadera carrera armamentista se debe cumplir una serie de condiciones, como por ejemplo: a) un par o conjunto de países que se perciben como enemigos; b) un incremento en las capacidades militares ofensivas de alguno o varios de ellos, y c) una reacción proporcional (en cantidad y naturaleza de los recursos) por parte de otro u otros países, que se embarcan en un esfuerzo por mantener la paridad o la simetría de poder. Y ante ese escenario dos resultados posibles: a) la estabilización por la disuasión recíproca o por la imposibilidad material de sostener la competencia (como ocurrió durante la Guerra Fría) y b) el enfrentamiento (cuando una de las partes considera haber alcanzado una ventaja estratégica que le permitiría imponerse a la otra).

Para empezar, cabe señalar algo tan obvio que con frecuencia pasa inadvertido: toda carrera armamentista implica un esfuerzo financiero que se refleja en el Gasto Militar o de Defensa, pero no todo aumento de este implica sí o sí una carrera armamentista. Por lo tanto, se trata de un fenómeno cuya explicación debe buscarse no en la lógica de las carreras armamentistas, sino en los usos (militares y políticos) del Gasto Militar. En este breve trabajo se analizará la razón del Gasto Militar, no como gasto sino como una inversión necesaria para afianzar la autonomía de los Estados, pero también y sobre todo, la unión de lazos regionales hacia lo que sería el ideal de una incipiente protección regional.

2. Las inversiones en materia de defensa de la región

En esta sección del trabajo nos proponemos describir y analizar comparativamente las políticas de defensa de países como Brasil, Chile, Venezuela, Argentina y Uruguay. El análisis se basará en los datos publicados por el Centro de Estudios Nueva Mayoría, siendo el último informe elaborado en el año 2013, cotejando y complementando esos datos con informes de 2014 y 2015 del Instituto Internacional Estocolmo de Investigaciones para la Paz (SIPRI).

En los últimos años se han multiplicado no solo informes periodísticos, sino también análisis académicos acerca de un supuesto rearme o del inicio de una carrera armamentista en América del Sur, a partir de la adquisición de equipamiento militar en los países de la región. Pero a la vez muchos otros estudios desmienten estas hipótesis y permiten comprobar que se trata en realidad de procesos de modernización militar con vistas a crear capacidad disuasiva.

La mayoría de los países de la región, entrando al siglo XXI, iniciaron la modernización de sus instrumentos militares. Los Estados han intentado diversas respuestas a los desafíos que su seguridad les plantea y el empleo de sus instrumentos militares ha ido variando con el correr del tiempo. Todos los países poseen espacios soberanos, ciudadanos y bienes que deben proteger. Sin embargo, además de estas clásicas razones para conocer la dinámica militar en el subcontinente, se agregan nuevas realidades.

Las amenazas militares al futuro, la paz y la prosperidad no provienen de virtuales conflictos entre sus miembros, ni deben confundirse con cuestiones de seguridad ciudadana como el narcotráfico, la delincuencia o el terrorismo. Las amenazas a las que debe prestar atención la defensa regional están determinadas mayormente por la competencia por los recursos naturales a escala global y la estrategia de las mayores potencias mundiales para obtenerlos.

Siguiendo informes del Programa de las Naciones Unidas para el Medio Ambiente (UNEP), la región alberga el 23% de los bosques y el 31% de los recursos de agua dulce del planeta. Los ricos recursos naturales de América Latina y el Caribe, bienes comunes, son fundamentales para la salud socio-ambiental del planeta. Para protegerlos es indispensable que los gobiernos intensifiquen sus esfuerzos con miras a aplicar las políticas existentes y a crear medidas nuevas.

El acento estará puesto en la cuestión regional. Casi todos los países latinoamericanos han publicado sus "libros blancos", donde plantean sus gastos en defensa y sus estrategias militares. Sin embargo, cuesta acceder a documentación que nos indique fehacientemente cuál es el verdadero gasto e inversión en América Latina.

Brasil lo ha planteado de forma tardía y entendemos su interés en defensa como fuertemente apoyado en su proyección como potencia regional y sus deseos económicos de crecimiento, con un fuerte hincapié en la protección de sus recursos naturales para alcanzar sus metas económicas. Más allá de la crisis actual por la que atraviesa Brasil, sus intereses y pretensiones en el plano regional e internacional siguen sin modificaciones. Se trata de una potencia regional con aspiraciones a lograr un mayor reconocimiento en la arena internacional.

Varias "potencias intermedias" latinoamericanas (como Chile y Brasil), en consonancia con la política exterior que plantean e implementan, buscan proyectar y aumentar sus capacidades militares con un bajo perfil para evitar que emerjan tensiones con sus vecinos. Se propusieron una política de defensa orientada a lograr el crecimiento económico y la inserción en el mundo como parte de su estrategia de desarrollo nacional fuertemente apoyados en el rol de las Fuerzas Armadas.

Siguiendo el informe de Defensa y Seguridad en América Latina 2014-2015 elaborado por Ana Victoria Suárez Jiménez, si se juntan todos los presupuestos de defensa de toda América Latina "apenas" se logra alcanzar el 5% del total de gastos militares en el mundo. Y de ese 5%, Brasil representa para el total de América Latina lo que Estados Unidos para el resto del planeta. Empero, Brasil no es hegemónico en la dimensión militar del subsistema sudamericano. Si bien representa hoy la mitad del gasto militar y de la cantidad de efectivos de la región, la brecha que lo separa de sus vecinos en términos de equipamiento y tecnología militar no es tan amplia. Aunque las potencias de segundo orden de América del Sur -como Argentina, Chile, Colombia, Perú y Venezuela- gastan menos de un tercio que Brasil en sus Fuerzas Armadas, también tienen menos de un tercio de su territorio y población para proteger y efectivos militares para mantener.

De modo que no se puede dejar de tener en consideración que este país, además de contar con las capacidades materiales necesarias, aspira y dirige su política exterior hacia el logro de un mejor posicionamiento en el orden internacional global. Por tanto, la construcción de un liderazgo regional por parte de Brasil en torno al avance de un proceso de seguridad, organizado en el marco institucional del Consejo de Defensa, es una opción razonable.

En cuanto a Chile, una ley dictada durante el régimen militar de Augusto Pinochet obliga a la Estatal Corporación del Cobre, principal productora mundial de este metal, a destinar el 10% de sus ventas brutas a las Fuerzas Armadas. Se ha observado un gran incremento del precio del cobre a partir de 2004, más allá de esto no se ha divisado un excesivo incremento en el presupuesto derivado a las Fuerzas Armadas bajo este aporte.

Con respecto al aporte que las fuerzas reciben del PBI, cabe destacar que este no ha sufrido grandes variables, manteniéndose así como una política largoplacista estable, que ha oscilado entre el 1,51% en 1996 y el 1,22% en 2013; observamos en 2014 un aumento hacia el 2,00% en 2014 y 2,22% en 2015, lo cual evidencia el rol y la importancia que Chile tuvo y tiene en el fortalecimiento de su sistema de defensa (IDS, 2015).

Respecto de Venezuela, podemos observar que ha tenido un rol importante en la región en cuanto a la seguridad, con un papel activo como impulsor del sistema regional de defensa, aunque lejos está de presentar una amenaza continental mediante sus aportes en esta materia en la última década. Si bien ha sido de los países que ha denotado mayor incremento de su PBI en las Fuerzas Armadas, esto se explicaría como parte de la modernización de sus fuerzas de seguridad, impensable como amenaza ya que sus fuerzas no contienen una doctrina militar ofensiva. Sus esfuerzos son mayoritariamente por generar una defensa respetable en la región que pueda palear una situación de amenaza externa al continente y por cuestiones domésticas.

Sin embargo, en el último informe del SIPRI del 22 de febrero de 2016, se indica que Venezuela mantiene el puesto 18° entre los mayores compradores de armas en el mundo, el país compró 147 millones de dólares en armamento a China, 6 millones a Estados Unidos, 5 millones a Austria y 4 millones a Holanda el año pasado. Las adquisiciones se dividieron en 133 millones de dólares en vehículos armados, 14 millones para artillería, 11 millones para aviones de guerra y 4 millones para barcos. El SIPRI señala que si bien el comportamiento de América Latina ha sido disminuir los montos destinados a la carrera armamentista, el instituto considera el lugar de Venezuela como de líder en la región, así como el papel tradicional de Brasil y los números ascendentes de México. No se considera -a juicio propio- que América Latina esté lanzada en una carrera armamentista, pero sí se afirma que lo que buscan los países de la región es lograr la modernización de sus fuerzas armadas y de seguridad.

Haciendo un corte transversal, se puede divisar que bajo un mismo mecanismo de defensa regional, convive con las anteriormente nombradas una segunda vertiente, que genera su aporte desde otra cosmovisión, y para ejemplificar es menester exponerla, mostrar cuál es la otra cara de este sistema y cómo conciben la seguridad y amenazas.

A pesar de los compromisos internacionales, Argentina no cuenta hoy con un sistema de defensa moderno y disuasivo. Hay quienes sostienen que el país no será blanco de una agresión externa ni necesita de sus Fuerzas Armadas. Incluso hay dudas acerca de quién es el enemigo del cual hay que protegerse. De ahí que las cuestiones de defensa no sean de alta prioridad nacional y queden relegadas a un puesto menor dentro de la puja de poder interburocrática del Estado. La defensa es vista como un "gasto" y no como una "inversión", y el país no cuenta con un plan estratégico militar a desarrollar, las Fuerzas Armadas realizan ejercicios combinados con otros países y participan en Misiones de Paz.

Refiriéndonos a Uruguay, el otro representante de esta segunda vertiente, muestra las mismas características que Argentina, pero gastando el 1,12% del PBI en defensa, mientras que el 76% de ese presupuesto va a parar a sueldos y jubilaciones militares, lo que deja un muy acortado margen para adquirir nuevo equipamiento y modernizaciones. Esta información fue hecha pública por la Comisión de Defensa del Senado, aclarando que el gasto de las Fuerzas Armadas es heredada de la dictadura.

Una vez expuestos los distintos presupuestos y la importancia que cada uno de estos países le da al área de defensa, una vez vistas sus diferencias y similitudes, parece importante abordar la creación del Consejo de Defensa Sudamericano, el cual se considera de una importancia vital para el crecimiento integral de la región, que ya no solo coopera en materia económica o política sino que avanza hacia una verdadera defensa regional. En este sentido, se considera la creación del organismo como un primer paso, que si bien es modesto políticamente, constituye un símbolo importantísimo para la región.

¿Qué justifica la creación del Consejo? ¿Por qué se busca una identidad de defensa suramericana? Un buen punto de partida es comprender que los países sudamericanos perciben intereses comunes, aunque algunos de ellos convergen con los intereses de Estados Unidos.

3. Hacia una idea común de defensa regional

Los avances de la integración regional en el marco de UNASUR se extendieron a la dimensión de seguridad y defensa en un proceso que se institucionaliza a partir de la creación del Consejo de Defensa Suramericano en diciembre de 2008, en Costa do Sauipe (Brasil). Los presidentes aprobaron el Estatuto del organismo, el cual establece que se trata de una instancia de consulta, cooperación y coordinación en materia de defensa. Sus objetivos centrales son:

1. Consolidar Suramérica como una zona de paz, base para la estabilidad democrática y el desarrollo integral de nuestros pueblos; como así también actuar como una contribución a la paz mundial.
2. Construir una identidad suramericana en materia de defensa, que tome en cuenta las características subregionales y nacionales y que contribuya al fortalecimiento de la unidad de América Latina y el Caribe.
3. Generar consensos para fortalecer la cooperación regional en materia de defensa.

En este proceso de avances sustanciales y para generar un pensamiento estratégico a nivel regional que contribuya a la coordinación y la armonización de políticas de defensa en Suramérica, los ministros de Defensa suramericanos aprobaron en mayo de 2009, en Santiago de Chile, la creación del Centro de Estudios Estratégicos de Defensa (cuya sede permanente está en la ciudad de Buenos Aires). La propuesta constituyó una instancia inédita en Suramérica, de carácter permanente, con sede fija en Buenos Aires y delegados representantes de todos los Ministerios de Defensa de los países miembros. Este centro busca contribuir a estructurar un subsistema regional de defensa cooperativo, interoperable y en función de la protección efectiva de los intereses comunes y compartidos.

En mayo del año siguiente, el Consejo de Defensa Suramericano mediante la Declaración de Guayaquil aprobó el Estatuto del Centro, que establece tres objetivos fundamentales:

- Contribuir a la identificación de desafíos, factores de riesgo y amenaza, oportunidades y escenarios relevantes para la defensa y la seguridad regional y mundial, tanto en el presente como en el mediano y largo plazo.
- Promover la construcción de una visión compartida en materia de defensa y seguridad regional.
- Contribuir a la identificación de enfoques conceptuales y lineamientos básicos comunes que permitan la articulación de políticas en materia de defensa y seguridad regional.

En cuanto a su estructura y funcionamiento cabe destacar que cuenta con un director, un subdirector y un secretario administrativo, y que está compuesto por un cuerpo de expertos, en el cual convergen hasta dos delegados nombrados por los Ministerios de Defensa de cada uno de los países miembros del Consejo. Por otro lado, la aprobación del Programa Anual de Trabajo, del presupuesto y del reglamento estará a cargo de un Consejo Directivo que se conforma por los viceministros de Defensa de cada uno de sus miembros.

Respecto a su financiamiento, tal como lo establece el Estatuto del Centro, el presupuesto para el funcionamiento y las actividades será sufragado por contribuciones de los Estados miembros, a través de la Secretaría General de UNASUR. No obstante, hasta tanto esté operativo el presupuesto de la UNASUR, la República Argentina provee la infraestructura, el personal de la Dirección y financia el funcionamiento del Centro.

El Consejo de Defensa entra en juego en esta estrategia sudamericana por la necesidad de una política de gestión soberana de los recursos naturales; bajo esta lógica, la inmensa riqueza que cuenta la región se encuentra dispersa a lo largo y ancho de su extensión, por lo que los países miembros deben establecer una estrategia y política comunes en materia de defensa y protección efectivas de los recursos y activos estratégicos. Bajo este lineamiento, los recursos naturales serían el elemento de cohesión que permite la articulación de la identidad al interior de los Ministerios de Defensa de los países miembros del Consejo.

Este nivel estratégico regional, donde cobra vida el interés regional, es el lugar en donde el Consejo se plantea como una identidad suramericana en defensa.

4. Los desafíos y amenazas hacia la región

Se sostiene que las amenazas que enfrenta nuestra región son difusas y que no provienen de amenazas directas o de posibles conflictos bélicos, sino que son consideradas como amenazas no tradicionales. Pero la lógica del mundo sigue manejándose en clave realista, con lo cual los países siguen apostando a su defensa a través de diferentes alianzas, de la integración y la cooperación; con lo cual América Latina no debe quedarse atrás.

La influencia de Estados Unidos en las definiciones de seguridad en Sudamérica se materializó -durante la Guerra Fría- en la Conferencia Interamericana sobre Problemas de la Guerra y la Paz (1945) y en el Tratado de Asistencia Recíproca (1947). Ambos se estructuraron bajo la acepción conjunta de una seguridad colectiva, que presupone "un compromiso por parte de los Estados a respetar y actuar (de manera colectiva) frente a las amenazas cuando ello se disponga según lo acordado entre los miembros..." (Cortes y Rojo, 2002: 4).

No obstante, a partir de los años 90 el modelo de seguridad hemisférico que se sustentaba en la idea de seguridad colectiva ya no respondía a la realidad interna de los países latinoamericanos. En esa época se encontraban en un período de redemocratización y de apertura al mundo, tanto a nivel de intercambios económicos como de política exterior. Esa nueva realidad dio paso a la noción cooperativa de la seguridad como eje para el nuevo modelo de seguridad en América y, particularmente, en Sudamérica. La seguridad cooperativa concibe que las problemáticas que actualmente aquejan a los Estados no puedan confrontarse aisladamente. "Este concepto promueve la idea de que es preciso 'construir' la confianza no solo entre Estados, sino también con otros actores no estatales a través de la discusión, la negociación, la cooperación y el compromiso" (Briones Riveros, 2013: 6).

Se puede decir por tanto que las actividades desplegadas por el Consejo de Defensa Sudamericano podrían significar un avance de alcance limitado en virtud del desarrollo de la confianza entre los Estados de la región. En este sentido, no se debe perder de vista que la confianza -en líneas generales- es un bien escaso en el sistema internacional. Mas aún en tiempos como los actuales, en los que el orden global jerárquico está encabezado, desde un punto de vista estratégico militar, por una potencia mundial que sostiene internacionalmente un tipo de acción con visos de unilateralidad y prescindencia, en muchos casos, del derecho internacional.

Sin embargo, si bien es posible identificar al Consejo como un instrumento de poder por parte de los países que lo componen, cabe destacar que la construcción de dicho poder en clave institucionalista requiere algo más que cooperación. Las instituciones pueden condicionar el comportamiento de los Estados, pero no necesariamente van a determinarlo, por tal motivo para ejercer y construir poder en estos ámbitos es preciso trabajar en las instituciones, negociar con quienes las componen para tratar de sentar una agenda determinada y coordinar políticas. De lo contrario, las instituciones solo quedan en la foto de una reunión esporádica de sus miembros.

La lucha por la soberanía de los recursos naturales y el surgimiento de una nueva conciencia ambiental se han convertido en elementos profundamente movilizadores y dinamizadores de los procesos sociales y políticos en nuestro continente. Los países de la región se han dado cuenta de la gran importancia que tienen sus recursos naturales y se han dispuesto a protegerlos, o al menos lo están intentando. La protección no solo debe provenir de las armas, al contrario, se debe apostar a una mayor educación, concientización, diálogo, importancia de los recursos naturales, mayor cultura y protección.

Coincidiendo con Bruckmann (2012), sin el desarrollo de un pensamiento estratégico que se afirme en el principio de la soberanía y en una visión de futuro de largo plazo, los países latinoamericanos tienen menos condiciones de hacer frente a las enormes presiones. Lo que se pone en juego es la capacidad de reorganización de proyectos hegemónicos y la emergencia de proyectos contrahegemónicos.

Por su parte, Tokatlian (2012) señala que tras el conflicto de Irak hay un retorno al escenario internacional de la geopolítica pero que ahora se lee en clave de recursos naturales (minerales, acuíferos, ambientales, entre otros). Y hay que observar muy bien en este caso el accionar de los Estados Unidos en Medio Oriente y en Asia Central, donde está haciendo lo que no pudo hacer en épocas de Guerra Fría: establecer una cadena de bases militares. De modo que salvaguardar territorialmente espacios que pueden ser entendidos como generadores de amenazas para la seguridad norteamericana parece ser el móvil de la política de Washington. Y aquí se observa con claridad la tendencia que han desarrollado algunos países de cuidar sus espacios territoriales con activos estratégicos. El caso típico es Brasil y el Amazonas. Los recursos ambientales son, cada vez más, una fuente de poder. Hoy es más influyente poseer un buen y efectivo control de los activos ambientales de un país que tener armas de destrucción masiva. Porque tenemos algo que la comunidad internacional necesita en sentido positivo.

El mayor obstáculo con el que tiene que enfrentarse el Consejo de Defensa Sudamericano, para configurarse como una alianza operativa, es la existencia de un competitivo sistema de alineamientos en la región. La dispersión de intereses sudamericanos -en especial en materia de seguridad y de defensa colectiva- se traduce en la indefinición de amenazas comunes a los miembros, afectando la cohesión. No obstante, la desigual influencia de potencias establecidas y emergentes agrega mayor fragmentación, pues la disponibilidad de potenciales aliados, proveedores de armas y socios comerciales debilita la posición relativa de Brasil como potencia suramericana llamada a reafirmar el proyecto de una comunidad de seguridad regional. Hay que evitar la lógica que quieren plantear los Estados Unidos de bilateralizar las cuestiones y conformar una sociedad estratégica con los países que conforman la UNASUR.

El efecto de este obstáculo limita la operatividad del Consejo, el cual se ha tenido que conformar con actuar como un foro de debate con un escaso poder vinculante en las decisiones militares de sus miembros. En una función tan elemental (aunque vital para la seguridad colectiva, primer paso para la defensa colectiva regional) como la generación de medidas de confianza mutua a través de la publicación de los libros blancos sudamericanos, la institución ha fallado, y los Estados han mantenido su plena autonomía y secreto en la adquisición y función de su armamento (Mijares, 2011: 14).

Se considera pertinente nombrar qué ocurre con el Consejo en el marco del Tratado Interamericano de Asistencia Recíproca perteneciente a la OEA. En la III Cumbre del Consejo, celebrada en Lima, se planteó la reestructuración de este para que deje de servir a intereses norteamericanos y canadienses, que modernice sus vetustos objetivos de Guerra Fría y los suplante por una mirada "más nuestra", desde la UNASUR.

Conclusión

Se ha dado cuenta de la importancia del Consejo de Defensa Sudamericano y eso permite sostener con fervor que debemos reforzar nuestros vínculos con la región como la única vía ante amenazas futuras. De modo que se deben consolidar los procesos de integración y cooperación en el Sur frente a las pretensiones de Estados Unidos bajo la lógica conceptual de la autonomía heterodoxa que Puig supo acuñar.

Se asiste a la configuración de nuevas amenazas para la región que nos deben encontrar trabajando conjuntamente. En este sentido, el combate a estas nuevas amenazas es un asunto en el cual los Estados deben depositar gran parte de su atención y la mayor cantidad de recursos posible. Esto implica la participación subsidiaria de las Fuerzas Armadas. Dentro de estas nuevas amenazas, tomando como eje el texto de Rodríguez Sánchez Lara (2013), podemos mencionar: la agenda de vulnerabilidades sociales; las dos vulnerabilidades más importantes que tienen los países de América Latina y el Caribe, y que son catalizadores de otros riesgos y amenazas a la seguridad regional, son la superación de la pobreza, la reducción de los niveles de desigualdad y el acceso a oportunidades de desarrollo.

De nada servirá que los gobiernos destinen presupuestos millonarios para las instituciones de seguridad pública y defensa nacional si no se atienden las raíces de muchos problemas de inseguridad pública tales como la pobreza, la falta de educación y la marginación social.

Otra de las nuevas amenazas que se pueden mencionar es la seguridad energética; para los países menos desarrollados de América Latina el acceso a recursos energéticos a precios razonables resulta primordial para garantizar la viabilidad de casi cualquier programa de desarrollo sustentable. Con el agotamiento de los recursos petroleros a nivel mundial, la extinción de yacimientos inexplorados y la concentración de casi todas las reservas mundiales en Medio Oriente, los países pobres de América Latina se encuentran ante la posibilidad de no ser capaces de costear los precios ascendentes del petróleo y sus derivados. Esto podría significar un estancamiento de sus economías, lo cual fomentaría el surgimiento de escenarios de inestabilidad política y social.

La seguridad económica representa un gran desafío para la región. La seguridad nacional de los países latinoamericanos depende también de la capacidad de sus economías para soportar las fluctuaciones de la economía global. Mantener indicadores macroeconómicos estables, fomentar el desarrollo sustentable y garantizar la seguridad de los inversionistas resulta de gran importancia para asegurar la estabilidad política y social de las naciones latinoamericanas (Rodríguez Sánchez Lara, 2013).

La historia de nuestras naciones no es lineal, emergen desencuentros y desconfianzas en cada decenio. Durante años fuimos permeables al accionar de las potencias extranjeras que vapuleaban nuestra tan anhelada Patria Grande, sueño de Miranda y Bolívar. Por eso cabe destacar que este tipo de reorganización regional no es producto del azar sino de una voluntad política que parece ser la génesis de una nueva época mucho más positiva. No obstante, ante los recientes resultados electorales en Argentina y las nuevas tendencias políticas en Brasil, la crisis en Venezuela y el avance de gobiernos conservadores en la región, cabe preguntarse: ¿qué rol tomarán las instituciones ya creadas, como el Consejo de Defensa Sudamericano?

El desafío para América Latina y Sudamérica, en particular, parece seguir siendo poder construir políticas de Estado a largo plazo. Que trasciendan la mera lógica del gobierno de turno. Más allá de la precaución y de la gran incertidumbre que parece recorrer las calles de cada ciudad en Sudamérica, el Consejo de Defensa está allí, lo hemos creado.

Tercera parte

Actualizando las relaciones entre Cuba y Estados Unidos

Del antagonismo a la cooperación

ROMINA TEJADA Y ANA LAURA WASHINGTON

Introducción

Las relaciones entre Estados Unidos y América Latina enfrentan un cambio profundo, ya que las coordenadas de poder regional -con procesos diplomáticos y de cooperación- están viviendo un proceso de transformación. Se trata de un contexto enmarcado en un claro retroceso para los gobiernos de izquierda y, por tanto, hay una revaloración del simbolismo político que caracteriza la coyuntura actual. Las transformaciones que habían prosperado en la última década del siglo XXI -y que se contraponían al neoliberalismo de los años 90-, tales como la Alianza Bolivariana de las Américas (liderada por Venezuela y Cuba), la Unión de Naciones Suramericanas (UNASUR) o la Comunidad de Estados Latinoamericanos y Caribeños, comienzan a perder fuerza. En contraste, ganan terreno nuevos Tratados de Libre Comercio y la emergencia de nuevos proyectos de integración, como la Alianza para el Pacífico, la cual claramente converge con los intereses norteamericanos y se nutre en la lógica neoliberal y librecambista.

Las cooperaciones con países como China y Rusia se presentan como mecanismos alternativos de concertación política, de financiación y de cooperación en diversas áreas (desarrollo económico, energía, infraestructura y salud). Los procesos de integración en la región también denotan una "diplomacia regional", donde el liderazgo de UNASUR entra en pugna con el protagonismo de la Organización de Estados Americanos y busca desplazarla por concebirla como una institución y herramienta hegemónica de Estados Unidos para la resolución de conflictos y mediación en la región.

El reciente escenario entre ambos países se encuadra en lo que Nenoff (2015) ha caracterizado como una "actualización" de las relaciones entre Cuba y Estados Unidos después de más de 50 años de disputa:

> El objetivo proclamado por la llamada "actualización" es "un socialismo próspero y sostenible" [...] A corto y mediano plazo las empresas estadounidenses seguramente estarán interesadas en estas oportunidades. Aunque la pequeña isla de Cuba en el sentido cuantitativo no representa un mercado de consumo importante, el predominio comercial de China por razones geopolíticas es una espina molesta para Estados Unidos, pues no solo pierde influencia a nivel mundial, sino incluso en Latinoamérica, donde tradicionalmente ha sido hegemónico [...] Al utilizar la denominación oficial "actualización" en lugar de la palabra "reforma", el gobierno cubano desea distanciarse de experiencias como las de Europa del Este, donde finalmente del intento de establecer un socialismo de mercado, solamente quedó el mercado sin el socialismo... (Nenoff, 2015: 8).

Planteando cómo y cuáles son las causas de esta "actualización", se tomará como génesis de esta conceptualización los acontecimientos producidos desde los anuncios del 17 de diciembre de 2014 en adelante. Por lo cual el objetivo central de este segmento del libro es analizar las dificultades y los obstáculos que ambos países tuvieron que atravesar para normalizar relaciones. La consideración de trasfondo es que los procesos históricos y el rol de la integración latinoamericana han sido vitales para ese acercamiento. Interesa particularmente lograr determinar y comprender cuáles son los intereses en pugna y que motivaron la reorientación de la política norteamericana hacia la isla.

Se utilizará la metodología descriptiva y cualitativa ya que dicha investigación consiste, fundamentalmente, en caracterizar la situación concreta indicando los rasgos más distintivos o disímiles que han atravesado las crónicas de ambos países. La técnica realizada será la de análisis de contenido y la de observación indirecta porque la historia del arte proveerá un análisis más acabado de la nueva realidad de esta "actualización" para poder elaborar así una conclusión adecuada respondiendo a los interrogantes planteados. El tipo de investigación es explicativo-descriptivo, y en ella plasmamos la situación entre Cuba y Estados Unidos haciendo un breve repaso histórico, enmarcando a los países en cuestión en su contexto internacional, abocando la relación bilateral que conlleva a la crisis en sus relaciones y explicando la causa del cambio producido que restauró los vínculos bilaterales.

1. Breve reseña histórica de las relaciones entre Cuba y Estados Unidos

Para remontarse en el tiempo al origen de las aspiraciones norteamericanas en el Caribe podemos decir que estas vienen dadas desde la misma constitución del país del Norte. Tanto Franklin como Jefferson, padres de la Independencia norteamericana, expresaron su interés por apoderarse de la isla (Spanier, 1991).

Los círculos de poder en Estados Unidos siempre han considerado que Cuba debe estar bajo su influencia, este ideal fue manifestado por todos los gobernantes a lo largo de la historia. Dos eran los motivos que justificaron dicha pretensión, según la información que nos brinda la Enciclopedia Colaborativa en la Red Cubana:

1. En el plano político militar plantean que por su posición geográfica la isla desempeña un papel estratégico para la seguridad y defensa de su territorio norteamericano y sus vías de comunicación marítimas.
2. En el plano económico la han codiciado por su clima, fertilidad del suelo y la existencia de importantes recursos naturales, así como los puertos y vías de comunicación por mar.

En 1823 J. Adams formuló la tesis que denominó "La Fruta Madura", la cual representó las "leyes de gravitación" según las cuales Cuba, por su cercanía geográfica, debía caer en manos de los EUA. Según Chomsky -haciendo alusión a la tesis de Adams-, había que esperar hasta que la fruta madure y caiga en manos de Estados Unidos, y es precisamente por esa razón que siempre estuvo en contra de que Cuba se liberara de España.[1] Ejerció enormes presiones sobre México, Colombia y otros países para impedir la liberación de Cuba. También se preocuparon por las inclinaciones democráticas y los movimientos de liberación nacional en Cuba que tendieron a liberar esclavos y luchar por la igualdad de los afrocubanos. Por diferentes razones, Estados Unidos se oponía desde principios del siglo XIX a la liberación de Cuba. Mantuvo esta posición hasta que, a finales de siglo, de hecho conquistó a Cuba y la convirtió en colonia, bajo el pretexto de liberarla de España.

---

[1] Heinz Dieterich, Steffan (1998), *Cuba ante la razón cínica*, Editorial Txalaparta s.l.: Tafalla.

Y siguió efectivamente como una colonia estadounidense hasta que el gobierno de Fidel Castro llegó al poder en 1959 (Heinz Dieterich, 1998).

Este proceso lo desarrolla Spanier (1991). El autor relata que el gobierno revolucionario de Cuba se inició el 1 de enero 1959, cuando sus líderes derrotaron a la dictadura de Batista. Si bien Estados Unidos había ayudado a Cuba a liberarse de España a principios de siglo, de inmediato aprobó la Enmienda Platt, la cual le garantizaba el derecho a intervenir en cualquier momento en Cuba para la preservación de su independencia, la protección de la vida, la propiedad y la libertad individual, y para el cumplimiento de las obligaciones cubanas contraídas en el tratado. Para 1934, momento en el cual se revocó la Enmienda Platt, Washington había intervenido militarmente tres veces y también había establecido una base naval en la bahía de Guantánamo. El capital norteamericano controlaba el 80% de los servicios cubanos, el 90% de sus minas y sus instalaciones ganaderas, casi todo su petróleo y el 40% del azúcar. No debería sorprender la creciente tensión social que emergía en el pueblo cubano.

Antes de que pasara mucho tiempo, el régimen se convirtió en una dictadura con control centralizado sobre todas las actividades del país. Se abolieron todos los partidos, excepto el Partido Comunista. La Unión Soviética le suministraba a Cuba grandes cantidades de armas y de asesores militares que las acompañaban, como ocurría con todos los países socialistas en ese entonces. Se establecieron relaciones diplomáticas con todos los países comunistas -excepto Alemania Oriental- y se firmaron acuerdos económicos con muchos de ellos.

En enero de 1961 Estados Unidos cortó relaciones diplomáticas con Cuba, tras una serie de consecuentes provocaciones. Castro era muy astuto como para arriesgarse a una ocupación norteamericana, buscaba ocupar un lugar importante en el escenario mundial y solo lo iba a lograr como un líder revolucionario que lograba enfrentarse a un gigantesco vecino que tenía como enemigo (Spanier, 1991: 123).

Sin embargo, no es hasta después de 1959 -con Fidel Castro y Ernesto Guevara con consignas como "Patria o muerte"- que varios países latinoamericanos se pronunciaron a favor de la revolución, de la reforma agraria y hasta cierto punto en contra de los Estados Unidos. Este último factor fue decisivo para los "rebeldes antiimperialistas latinoamericanos" que comenzaron a ver el comunismo como una solución ideal (Hobsbawm, 1995: 428).

Spanier hace referencia a la medida en que se consolidaba la relación de Cuba con la Unión Soviética; la administración Eisenhower comenzó a planear su derrocamiento. Con Kennedy, ya en 1961, intentó una especie de desembarco en Cuba para poder destituir a Castro, llevada a cabo por una pequeña fuerza de exiliados cubanos y guiados por la CIA. La idea era que una vez que los exiliados hubieran alcanzado la playa en Bahía de Cochinos, se los consideraría como libertadores, pero dicha operación resultó un fracaso (Spanier, 1991: 167).

Así, Cuba sobrevivió como base comunista desde la cual la Unión Soviética podía incomodar geopolíticamente a Estados Unidos. La posición norteamericana en el hemisferio occidental había sido notable, ya la Doctrina Monroe había anunciado que América Latina quedaba dentro de la influencia de Estados Unidos. El principal motivo de la intervención fue el temor de que una potencia europea pudiera establecer su influencia en un área que podría llamarse la "retaguardia estratégica" de América o, para usar una frase de Churchill, "su parte inferior vulnerable...". Dicho de otro modo, Estados Unidos nunca toleró que los gobiernos latinoamericanos se inclinaran hacia Alemania o la Unión Soviética pero intentaba mostrarse -como dijo Roosevelt- como un "buen vecino" (Suárez Salazar y García, 2008).

Una vez que los soviéticos vieron que el régimen comunista era tolerado, comenzó la instalación de las bases misilísticas allí. Las consecuencias políticas y psicológicas del desafío limitado de Kruschev eran enormes, porque se podía ver afectada la distribución global del poder. Había presionado a Estados Unidos en el lugar equivocado y Washington no podía eludir la prueba de poder a la que había sido retado. Kennedy estableció un bloqueo alrededor de Cuba para evitar cualquier futuro embarque de misiles y exigió la remoción de los misiles ya emplazados. Finalmente, el Kremlin retrocedió tras la negociación que se mantuvo y en la cual Washington accedió también a hacer lo mismo con los misiles instalados en Turquía. A este conflicto debe atribuirse años de detente durante los cuales Estados Unidos declararon públicamente que no iban a invadir Cuba. Norteamérica había obtenido una gran victoria táctica, pero Moscú no había sufrido un trastrocamiento estratégico (Spanier, 199: 127).

2. La política exterior en clave bilateral

El neorrealismo proporciona el marco general para entender la política exterior del gobierno de Castro. En su teoría insiste en que los Estados son los actores más importantes de la política mundial, que su comportamiento es racional y que los Estados aspiran a obtener poder ante un sistema internacional carente de autoridad centralizada eficaz, es decir, anarquía internacional (Domínguez, 2004: 257).

La alianza de Cuba con Moscú forjada a finales del 59 y especialmente en los años 60 respondía al principio de contrarrestar la influencia de Estados Unidos. Los líderes cubanos entendieron que la supervivencia de su gobierno se cimentó en dicha alianza, que capacitó a cuba para sobrevivir a la acometida de Estados Unidos durante los 70, y sobre todo para lanzar su programa de recuperación y desarrollo económico. El desplome de la Unión Soviética y del bloque comunista en Europa del Este quebró la economía cubana. Principalmente, por la eliminación de todas las subvenciones soviéticas para las exportaciones de azúcar. El gobierno cubano comprendió que el sistema internacional había cambiado (Domínguez, 2004: 257).

Fueron dos los factores generales que caracterizan o explican su política exterior norteamericana hacia Cuba después de los años 90. Concordando con el análisis de Spanier (1991), el primero de ellos fue que la Unión Soviética había desaparecido y con ella perdió vigencia la lógica de la Guerra Fría. En segundo lugar, un cambio ideológico se apoderó de la política de Estados Unidos.

La administración Clinton hizo de la ampliación de la democracia uno de sus principios fundamentales (Suárez Salazar y García, 2008). Pero también es cierto que los *lobbies* cubano y norteamericanos de derecha se organizaron mejor. La Fundación Nacional Cubano Americana (creada en 1981 con apoyo de la administración Reagan) hizo tres aportes a las políticas de exilio cubano-norteamericanas: a) proporcionó un instrumento no violento a la militancia anticastrista; b) canalizó los recursos financieros y humanos a comités de acción política enormemente especializados, y c) aprendió a trabajar con políticos demócratas y republicanos de Estados Unidos (Domínguez, 2004: 261).

La política exterior cubana planteó que uno de sus objetivos fundamentales era redefinir las relaciones con Estados Unidos. Tanto el gobierno de Fidel Castro como el de su hermano y sucesor, Raúl Castro, han exteriorizado en repetidos momentos la disposición constante a negociar. A su vez, han demostrado su predisposición a colaborar con Estados Unidos en temas de interés común (Alzugaray, 2015: 3).

3. La cambiante coyuntura latinoamericana: el retroceso de los gobiernos de izquierda y el resurgimiento de las políticas neoliberales

Durante el último tercio del siglo XX se sucedieron diversas crisis políticas, sociales y económicas que contribuyeron a la transformación del sistema capitalista, la expansión de las economías de mercado, y que acentuaron su naturaleza global como sistema de acumulación. En América Latina hubo cómplices para que ocurriera esa transformación que suponía un achicamiento del Estado, las dictaduras militares y sectores de la burguesía local facilitaron la apertura de un proceso de endeudamiento que limitó progresivamente el camino al desarrollo económico. El resultado de este proceso significó un renovado ciclo de apertura, de deterioro del tejido industrial local y una dependencia comercial y financiera respecto del mundo. Si bien se logró mayor estabilidad política, los modelos de desarrollo económico se han caracterizado por sus discontinuidades y la falta de éxito.

En este contexto, y como resultado de las políticas neoliberales derivadas del Consenso de Washington, fue aflorando a principios del siglo XXI una heterogénea y masiva oposición al neoliberalismo en los diferentes países de la región. En los trabajos de Arrighi (2009), el neoliberalismo es presentado pura y sencillamente como una contrarrevolución del capital.

En la actualidad, mientras que Estados Unidos implementa políticas orientadas a proteger sus intereses, China está reuniendo los recursos para eclipsar la influencia de Estados Unidos en muchas regiones del mundo, y América Latina es una de ellas (Katz, 2014: 13). La disminución de acción hegemónica norteamericana se circunscribe a las maniobras de política exterior hacia la región pero también al uso de la Organización de Estados Americanos para intervenir en el continente. Esto no niega, sin embargo, que la tensión entre Beijing y Washington sea contenida por una creciente cooperación económica y financiera entre ambos, solo que claramente Estados Unidos debe lidiar con una influencia en la región a la que no estaba acostumbrado, la de China, que ahora pasó a ser un socio central de la mayoría de los países de la región.

No se trata de situar a China desde un punto de vista de privilegio frente a Estados Unidos, pero es evidente que la potencia asiática interpreta un rol manifiesto en el continente americano. Por otro lado, China no está sola. La lógica de los BRICS (Brasil, Rusia, India, China y Sudáfrica) y la consolidación de bloques económicos regionales y esquemas de cooperación intrarregional dan la pauta de una reducción en la capacidad de influir de los Estados Unidos en la región.

No obstante, la relación de la región con emergentes en la medida que estos consolidan su rol como potencias y países centrales pasa a adoptar mayores rasgos de asimetría de poder. Por tanto, ya no serían esquemas de cooperación Sur-Sur sino que, por el contrario, se reproducirían las viejas lógicas de subordinación Norte-Sur.

Ninguno de estos Estados está animado por una ideología global, como lo estaba la Unión Soviética. Ninguno se presenta como un modelo alternativo. Todos han aceptado, en mayor o menor medida, la economía de mercado. Pero ninguno piensa en transigir con sus intereses nacionales (Gresh, 2008).

La "vuelta" del Estado como actor internacional estratégico y la defensa del interés nacional representan una novedad para las relaciones de poder en el siglo XXI, pero esto no significa necesariamente más democracia o proyectos emancipadores. Y América Latina debería leerlo en esa dirección: cambian los jugadores pero las reglas del juego son las mismas. En ese sentido, en los primeros años del siglo XXI, la emergencia de nuevos gobiernos en la región de "izquierda" o también denominados "nacionales y populares" parecen haber retomado la senda de generar pensamientos críticos propios y políticos orientados a maximizar autonomía en pos de una modernización económica. Esta nueva orientación política fue la promotora de fortalecer los esquemas de integración y cooperación regional, e incluso apostó a nuevos espacios de concertación, como UNASUR, e incluso marcó el fracaso del ALCA.

No obstante, esa posibilidad comienza a diluirse en el tiempo ante los cambios acontecidos entre mediados de 2015 y nuestros días. No se trata solamente de los espacios de poder que están ganando gobiernos conservadores en América Latina, sino también de iniciativas neoliberales que operan por medio de los Tratados de Libre Comercio que vuelven a poner en jaque las estructuras productivas locales, a deteriorar los tejidos industriales, los intercambios intraindustriales y a limitar las posibilidades de impulsar procesos de desarrollo económico con altos niveles de inclusión social.

La búsqueda de un orden social alternativo en muchos casos se confunde con una actitud antiimperialista o simplemente contra-hegemónica. Fuera de todo idealismo, el estudio crítico de estos procesos instituye el inevitable punto de partida para un reconocimiento de las alternativas que tiene la región. En presencia de los recientes sucesos que promueven la autonomía de la región latinoamericana, caracterizados por un renovado hincapié en la convergencia política, institucional y económica -en los que ya participa Cuba- provocan que el aislamiento se cuestione en los diferentes foros latinoamericanos.

Así, el tema del bloqueo contra Cuba estaba en el foco del debate sobre la reestructuración del orden hemisférico occidental. Esta situación planteó un escenario de tensiones y conflictos que giraron en torno a una demanda unísona en la región: la reincorporación plena de Cuba al sistema interamericano y la consecuente transformación profunda de la política exterior estadounidense hacia la región.

A consecuencia de esto Estados Unidos desarrolló un cambio en su política exterior hacia la más vieja de las revoluciones progresistas del continente. Entonces surge la siguiente pregunta: ¿cómo lo interpretamos y qué posición adoptamos desde América Latina? Existen al menos tres precedentes históricos para el giro de la política norteamericana: a) la Política del Buen Vecino de Roosevelt; b) la Alianza para el Progreso de Kennedy, y c) las políticas de protección de los derechos humanos de Carter.

El ciclo progresista que venció en la mayor parte de las elecciones presidenciales latinoamericanas en los últimos 15 años, en reacción al desmantelamiento de los Estados bajo la égida del Consenso de Washington, llega en una situación de agotamiento no solo por las consecuencias del reflujo de la crisis de 2008, sino también debido a una nueva ofensiva de las fracciones de clase que aún sustentan al proyecto neoliberal en este continente, como recién se mencionaba.

Se presenta como uno de los mayores interrogantes que la región debe enfrentar qué pasará ahora con esta reconfiguración de la política latinoamericana basada en la "Patria Grande", y con los logros de un preponderante regionalismo, ante la presencia de nuevos gobiernos con tintes neoconservadores, afines a las políticas neoliberales que habían sido las rechazadas por las antepuestas presidencias. Como plantea De Gori (2016):

> La regionalización de la victoria macrista permitió la resignificación de otros sucesos, como la derrota del chavismo en las elecciones legislativas, la de Evo Morales en su referéndum y el acceso de Temer a través de un *impeachment* contra Dilma Rousseff [...] Pero lo que parece una "bola de nieve" no responde ni a un camino necesario ni a un "viento de cola" del neoconservadurismo regional, sino a dilemas o contrariedades generales que han atravesado a todos los gobiernos.[2]

Con respecto al destino de instituciones como la Unión de Naciones Suramericanas y la Comunidad de Estados Latinoamericanos y Caribeños -desde ya fundamentales para la consolidación de la autonomía latinoamericana en el escenario regional e internacional-, se reconoce que el capital político de los liderazgos regionales fue clave en el proceso de su génesis y que también lo será para seguir ganando espacio de poder frente a potencias como Estados Unidos, pero también frente a actores extrarregionales como China, Rusia o potencias europeas.

---

[2] De Giori, Esteban (2016), "Debilidades de izquierda y ascensos neoconservadores", Revista *Nueva Sociedad*, Sección de Opinión, disponible en: https://goo.gl/Jd69Au, consultado el 5 de agosto de 2016.

Claramente las acciones más importantes, no obstante, se darán en el campo económico, aunque no por eso deja de tener peso lo ideológico y lo político. El fortalecimiento del MERCOSUR, operado en los últimos años, a partir de políticas "neodesarrollistas" y de empoderamiento local, se podría transformar en el principal obstáculo o resistencia a las políticas neoliberales. ¿Estos gobiernos neoliberales pondrán el foco en procesos de integración más acordes con los Tratados de Libre Comercio? ¿Volverán las recetas del principal instructor del neoliberalismo, el Fondo Monetario Internacional? Por el momento se comienzan a ver indicios que responderían positivamente a las preguntas planteadas.

Ante estos últimos cambios políticos latinoamericanos la economía cubana enfrenta el desafío de reconfigurarse, porque ante el giro de la política norteamericana se abre un nuevo frente para su inserción comercial y política internacional. El cambio de contexto latinoamericano de principio de siglo XXI ha favorecido sin lugar a dudas a revertir el aislamiento de Cuba, ya que es evidente que los países latinoamericanos juntos ostentan más fuerza y condición de negociación, pero separados quedan a merced de los intereses de los más poderosos.

4. El deshielo entre Estados Unidos y Cuba: ¿una nueva era de cooperación?

Antes del anuncio del 17 de diciembre de 2014 los objetivos cubanos con respecto a Estados Unidos eran: a) el levantamiento del bloqueo económico, comercial y financiero; b) que se quite a Cuba de la lista de Estados promotores del terrorismo (elaborada anualmente por el Departamento de Estado); c) el cese de la actividad subversiva contra el país;

d) la liberación de los cinco agentes antiterroristas detenidos en cárceles norteamericanas, y e) el restablecimiento de las relaciones diplomáticas (Alzugaray, 2015).

En lo que respecta a Estados Unidos, se debe comprender que cualquier gobierno que planeara modificar una política como esta debía demostrar decisión firme y estar dispuesto a enfrentar el costo de dar pasos de acercamiento, porque este accionar político está embebido en la cultura política estadounidense por numerosos factores, inclusive psicológicos. Además, no debemos olvidar que era una política de Estado, refrendada por dos leyes del Congreso, la Torricelli y la Helms-Burton (Alzugaray, 2015: 19).

Sin embargo, hay que destacar los cambios económicos realizados por Raúl Castro y el rol relevante de Cuba en las relaciones interamericanas que se ha ido incrementando desde su llegada al poder. Ejemplo de esa tendencia fue la Cumbre de Cartagena en 2012, en la cual se le planteó a Estados Unidos que sin solucionar el problema de las relaciones con Cuba se le dificultaría alcanzar viejos y nuevos objetivos en la región. En 2015, en la VII Cumbre de las Américas, el presidente Obama hace hincapié en acercar relaciones con la isla dejando de lado cuestiones ideológicas. Por su parte, Castro responsabiliza a Estados Unidos de lo sucedido en Cuba pero excluye al mandatario norteamericano de esa responsabilidad.

A este pragmatismo y a esta muestra de confianza se le suma la tan esperada decisión de restablecer relaciones diplomáticas e iniciar el camino hacia el levantamiento del bloqueo, prometida por el presidente Obama en su discurso y a su vez aceptada por el presidente Raúl Castro. Es inevitable pensar que este es un logro de la política exterior cubana pero que se actuó con realismo y pragmatismo para aceptar que aún no podrían negociarse los otros objetivos cubanos mencionados *up supra*.

En definitiva, podríamos decir que hubo un viraje radical en las relaciones bilaterales y los efectos de estos cambios tienen consecuencias históricas para las dos naciones y para el sistema de relaciones internacionales en su conjunto, pero especialmente en el continente.

El conflicto norteamericano-cubano ha formado parte del imaginario de resistencia, de revolución y de lucha contra el capitalismo de las fuerzas de izquierda en la región. Cuba aportó el mayor ideario de transformación social a varias generaciones de latinoamericanos y, en rigor, en los 60 el castrismo rompió todos los dogmas al demostrar que un proceso socialista era posible en el continente (Katz, 2014). Con lo cual, la decisión de la administración Obama de avanzar en el proceso de acercamiento con Cuba, restableciendo relaciones diplomáticas y consulares, y adoptando medidas que flexibilizan las sanciones abre una nueva era no solo para las relaciones entre Estados Unidos y Cuba, sino también entre Estados Unidos y la región. La posición de Obama se plasmó en su discurso del 28 de septiembre de 2015 -ante la Asamblea General de las Naciones Unidas-, en donde hizo una constatación lúcida sobre la política exterior de Estados Unidos hacia Cuba:

> Durante 50 años, Estados Unidos aplicó una política hacia Cuba que fracasó en mejorar la vida del pueblo cubano. Hemos optado por un cambio. Todavía tenemos diferencias con el gobierno cubano. Seguiremos defendiendo los derechos humanos. Pero abordamos ahora estas cuestiones mediante relaciones diplomáticas, un comercio en alza y lazos entre los pueblos. Mientras estos contactos se fortalecen día a día, estoy convencido de que nuestro Congreso levantará inevitablemente un embargo que ya no debería existir... (ACNU, 2016: 4).

Tras el restablecimiento de las relaciones diplomáticas, en diciembre de 2014, la "actualización" llega a un nuevo punto álgido con motivo de la visita del presidente Barack Obama a Cuba y su encuentro con su homónimo Raúl Castro, en marzo de 2016. Así, Obama se convirtió en el primer mandatario estadounidense en actividad en visitar la isla desde 1928, momento en que lo hiciera Calvin Coolidge.

Hubo importantes avances positivos que se fueron plasmando en los acuerdos celebrados entre instituciones universitarias, se realizó la primera apertura de un hotel de bandera norteamericana después de 50 años, Master Card comenzó a operar en bancos cubanos y también llegaron delegaciones de pequeñas empresas cubanas a Estados Unidos en busca de inversiones y acuerdos comerciales. Del mismo modo, grandes empresas estadounidenses ya piensan en negociar el desembarco en la isla, puntualmente se destacan IDT, Apple, Netflix, American Express.

En efecto, más allá de la dimensión política, la progresiva apertura al exterior de Cuba tiene importantes implicaciones económicas. El gobierno cubano exhibe una decidida vocación por atraer la inversión extranjera para disminuir el número de importaciones del país, y sobre todo desarrollar nuevas fuentes de empleo, tener acceso a nuevas tecnologías y obtener los aportes financieros que, como resultado del bloqueo, Washington tiene en gran parte vetados.

Desde la aprobación de una nueva Ley de la Inversión Extranjera, en marzo de 2014, se abrió la veda a un importante número de oportunidades de inversión en sectores tales como transporte, turismo, energía, sanidad y telecomunicaciones. Los principales países del mundo buscan ganar un lugar para colocar sus empresas como candidatas a potenciales proyectos en Cuba. Para fomentar estas inversiones, el Ejecutivo cubano sancionó una serie de incentivos fiscales a las empresas que resuelvan invertir en el país, fundamentalmente si son de carácter mixto con compañías locales o por la senda de las asociaciones económicas internacionales, pero también en proyectos con capital 100% extranjero de forma excepcional (Lamet, 2016). Cabe destacar que de esas medidas adoptadas se destaca particularmente la exención de 8 o 10 años en el impuesto sobre utilidades.

Además, es importante ver cómo se está transformando el comercio cubano y las implicancias que tendrá la Zona Especial de Desarrollo de Mariel -creada en 2013-, ya que las empresas tendrán más incentivos fiscales que en el resto del país. Por su ubicación geográfica, podría convertirse en punto fundamental para el comercio entre Asia, Europa, Centro y Suramérica, el Caribe y América del Norte. Según un estudio de la Promotora de Comercio Exterior (Procomer), Cuba ofrece tres oportunidades concretas para los bienes y servicios que ofrecen los empresarios nacionales. La primera oportunidad se relaciona con el sector turístico, dado que en 2015 Cuba recibió 3,5 millones de visitantes y el sector ha venido creciendo un 17% anual. Otros campos promisorios podrían ser la infraestructura hotelera que está en desarrollo con proyectos de capital europeo, y las compras del gobierno para el consumo de su población de 11,2 millones de habitantes (Rodríguez Valverde, 2015).

Ambos gobiernos también reconocieron que se han dado pasos significativos hacia una mayor cooperación en la protección ambiental, la aviación civil, el correo postal directo, la seguridad portuaria y marítima, la salud, la agricultura, los intercambios educacionales y culturales, y temas regulatorios.

A pesar de las últimas medidas del presidente Obama que cambian algunos mecanismos de la aplicación del bloqueo, entre ellos el uso del dólar, aún no se han podido concretar transacciones internacionales en esa moneda. Para normalizar las relaciones bancarias entre ambos países, se le debe permitir a Cuba abrir cuentas de corresponsalía en instituciones financieras estadounidenses. De lo contrario, va a ser preciso seguir triangulando los pagos entre ambos países, lo que eleva los costos para todos los involucrados.

Cuba está en proceso de apertura al mundo. Consecuentemente, al concretarse estos cambios económicos se pasará a tener una mayor participación en los flujos comerciales de la región y será un socio comercial importante. El gobierno cubano volvió a insistir en el levantamiento del bloqueo, ya que es una prioridad, y que afecta a los cubanos y sus vínculos con terceros países, incluido los Estados Unidos. Es ineludible el carácter extraterritorial del bloqueo y el alcance que tiene esta política más allá de las relaciones entre Cuba y Estados Unidos. La cuestión del bloqueo es otro contrapunto que se ha mantenido estático a pesar de la actualización, así como también la necesidad de la devolución del territorio ocupado ilegalmente por la Base Naval en Guantánamo, como elemento prioritario para la normalización de las relaciones. Es el único caso en el mundo de una base militar que está radicada en un territorio arrendado a perpetuidad. Asimismo es el único caso de una base que se mantiene ocupada en contra de la voluntad del pueblo y el gobierno de ese país.

Indudablemente, este nuevo capítulo entre Estados Unidos y Cuba hoy enfrenta una encrucijada dado el proceso electoral en el Norte. El resultado electoral impactará de forma decisiva en el devenir de las relaciones bilaterales. Una victoria del candidato republicano podría poner en riesgo esta nueva fase de cooperación. En contraste, la eventual victoria de Hillary Clinton auguraría la continuación del proceso político iniciado con la administración Obama.

Conclusión

A lo largo del análisis se buscó hacer foco en la lógica conceptual de la "actualización" aplicada al caso en estudio, que han sido las relaciones entre Cuba y Estados Unidos. Se trata de un escenario nuevo y, por lo tanto, trae interrogantes a futuro. La respuesta a esos interrogantes permitirá ir comprendiendo el devenir de la política exterior de Estados Unidos hacia la isla, pero también la orientación externa que desde la Habana se ha adoptado.

En este sentido, para Cuba además de ser una "victoria" política de gran envergadura, este acercamiento a Estados Unidos también conlleva importantes desafíos, sin dejar de lado que el punto clave es avanzar en las relaciones bilaterales y, simultáneamente, estar atentos al impacto en la sociedad cubana de los objetivos primordiales que se ha planteado el gobierno. Por el momento, solo se puede estimar que al disminuir las presiones sobre el Estado cubano de los últimos 50 años, la isla tiene la posibilidad de beneficiarse para concretar lo que Raúl Castro ha definido como la asignatura pendiente: la economía. En sus propias palabras:

> ... para lo cual tenemos el deber de encarrilarla definitivamente hacia el desarrollo sostenible e irreversible del socialismo en Cuba. Considerando las importantes transformaciones asociadas a la actualización del modelo económico y social y su

conceptualización, en la Constitución hay que reflejar todo eso que vamos haciendo, discutir con la población y votarlo en referéndum...[3]

Recapitulando en torno al análisis relativo al plano de lo económico que precede, definir una agenda a favor del desarrollo económico y social en esta "actualización" de las relaciones se vuelve una máxima prioridad. Emergen interrogantes a estas reformas donde se alega que las transformaciones económicas que están teniendo lugar en Cuba abren camino al capitalismo. En otras palabras, el trasfondo del dilema también atraviesa la concepción más pura de la legitimidad de cualquier "revolución", y su valoración es específicamente transcendental desde lo cultural, social y discursivo de la política cubana. La región entera observa con mucha inquietud el devenir de las relaciones entre Washington y la Habana porque en cierta manera esa tendencia demarcará también el horizonte de las relaciones de Estados Unidos con toda América Latina.

Pero al mismo tiempo, es necesario considerar qué implicancia tendrá el vuelco hacia el mercado, ya que sobre todo implica la aceptación de medidas que pocos anhelan y claramente todos perciben. ¿Puede haber una apertura económica sin una apertura política? ¿Puede el mercado fortalecer una sociedad civil que no puede ejercer presión sobre el Estado? Es aquí donde incluir a los ciudadanos en la conducción de su futuro es la proeza inherente contra los riesgos que pueden acarrear las reformas económicas. En la actualidad el rol ciudadano es vital para evitar que el pueblo cubano continúe ajeno al régimen político y quede fuera de las transformaciones mencionadas.

---

3 "Según Raúl Castro, levantar el bloqueo será una lucha difícil", diario *Perfil*, consultado el 21/10/2016. Disponible en: https://goo.gl/0h14ZH.

En esta "actualización", son variados los desafíos, no solo en la gestión y dirección de la economía, sino que indudablemente serán institucionales, sociales, políticos y en el plano subjetivo. Sin un cambio en las mentalidades resulta difícil librase de las secuelas de las "herencias" del modelo soviético, así como eclipsar la ambigüedad entre las funciones del Estado y el Partido y la fusión entre el Estado y el gobierno. Sin ir más lejos, del otro lado del mundo el Partido Comunista Chino está lidiando con estos dilemas. Es necesario quebrantar las barreras creadas por la inercia, el inmovilismo, la indiferencia e insensibilidad que arrastraron las experiencias anteriores a este nuevo escenario, porque no solo se trata de sobrevivir y actualizar el funcionamiento del modelo sino que, sobre todo, se requiere una concepción integral sobre el futuro del país: un modelo de desarrollo económico e inclusión social. Apuntalar los pilares para una democracia cubana debería ser el punto de partida y no de llegada.

Cuarta parte

Las relaciones sino-latinoamericanas tras el ingreso de Beijing a la OMC

MICAELA SERRA Y MA. JULIA SORRENTINO

Idea preliminar y planteo del problema

Luego del ingreso de China en la Organización Mundial del Comercio, en diciembre de 2001, los países latinoamericanos tomaron diversas posturas frente a este, dependiendo de sus estructuras productivas e intereses económicos. Particularmente, los países de América del Sur reconocieron al país asiático como "economía de mercado" por medio de acuerdos bilaterales impulsados claramente por los intereses de Beijing y bajo la potencialidad del mercado chino, un gran atractivo para los países de la región. Para Sudamérica -al igual que para otras regiones del planeta- resulta de gran importancia incrementar la cooperación económica, comercial y financiera con China. Si bien podría pensarse como un nuevo tipo de cooperación Sur-Sur basada en el beneficio mutuo, los hechos indican que se trata de un tipo de relacionamiento asimétrico que reedita el clásico vínculo centro-periferia.

El objetivo general de este trabajo es analizar las relaciones sino-latinoamericanas a partir de la entrada de China en la Organización Mundial de Comercio en 2001. A su vez, los objetivos específicos han sido definidos como: a) describir el contexto internacional dentro del cual China se insertó en la OMC; b) explicar el interés chino de profundizar relaciones con Latinoamérica, y c) dar cuenta de cómo efectivamente se llevan a cabo las relaciones entre ambos.

Desde esos objetivos se demostrará que *las relaciones sinolatinoamericanas responden a un esquema de vinculación centro-periferia aun cuando la diplomacia y el discurso oficial de China se empeñan en tipificarlo en el marco de la cooperación Sur-Sur.*

El marco teórico para desarrollar el análisis se concentra, fundamentalmente, en los conceptos de "cooperación Sur-Sur" y "centro-periferia", posicionados en un contexto de corrimiento del eje hegemónico hacia el Asia Pacífico.

Siguiendo a Giaccaglia (2008), la cooperación Sur-Sur se entiende como una modalidad que surgió en la década del sesenta con el objeto de reforzar la capacidad de negociación de los países en desarrollo frente al Norte industrializado, siendo sus exponentes más paradigmáticos el Movimiento de Países No Alineados[1] y el Grupo de los 77.[2] Asimismo, el principal objetivo de esta iniciativa radicaba en la defensa de los intereses específicos y en el cuestionamiento a la estructura y funcionamiento del orden mundial reinante en ese entonces, al cual consideraban inequitativo e injusto.

A lo que estos países se referían era a realizar planteamientos y propuestas alternativos a los defendidos por los países del Norte en cuanto al diseño institucional del sistema comercial internacional propulsado primero por el Acuerdo General sobre Comercio y Aranceles Aduaneros y Comercio y, luego, por la Organización Mundial de Comercio.

---

[1] El Movimiento de Países No Alineados se formalizó durante su primera reunión formal en el año 1961 en Belgrado. Su creación, durante la Guerra Fría, se basó en no alinearse políticamente ni con el Oeste dominado por Estados Unidos ni con el Este de la Unión Soviética, procurando mantener una posición neutral.

[2] El Grupo de los 77 surgió en 1974, cuando 77 países del Sur firmaron una declaración conjunta en el marco de la UNCTAD para formar un frente común en defensa de sus intereses económicos, ante las posiciones de la OCDE.

Autores como Singer -en Europa- y Prebisch -en América Latina- llegaron a la conclusión en la década del 50 de que "existía una tendencia a la caída de los precios de los productos primarios en relación a los precios de los productos industriales exportados por el centro..." (Bologna, 1987: 15). Este fenómeno se conoce como deterioro de los términos de intercambio y Bologna sostiene en relación con los estudios de Presbisch que los países industrializados exportan productos manufacturados que cuentan con un alto valor agregado y, a su vez, los precios de los mismos aumentan rápidamente, lo que genera una diferencia progresiva. En cambio, los países subdesarrollados basan sus exportaciones en materias primas, cuyos precios sufren variaciones en el mercado internacional y no aumentan de la misma manera que los antes mencionados.

A raíz de esto, Prebisch fue elaborando su teoría del desarrollo donde plantea el cuestionamiento de la inserción comercial internacional de América Latina a través de la exportación de productos primarios y la importación de manufacturas:

> Prebisch parte con una clara crítica a la teoría prevaleciente del comercio internacional según la cual todos los países se verían beneficiados si cada uno se especializara en lo que sabe hacer mejor (ventajas comparativas y competitivas). Para contrarrestar esta concepción liberal Prebisch elabora una propuesta alternativa que distingue entre países desarrollados industrialmente, a los que denomina el centro y los países subdesarrollados que constituyen la periferia (Morales Vélez y Castañeda Pérez, 2011: 2).

1. China y las nuevas tendencias del comercio internacional

En 1994 la Ronda Uruguay llegaba a su fin y con ella se creaba la Organización Mundial del Comercio, mediante la firma del Tratado de Marrakech. Este fue ratificado en 1995, solventando así un nuevo escenario donde se contemplaba un orden mundial más universalizado que el existente previamente con el GATT.

> Mientras que el GATT se había ocupado principalmente del comercio de mercancías, la OMC y sus Acuerdos abarcan actualmente el comercio de servicios, y las invenciones, creaciones y dibujos y modelos que son objeto de transacciones comerciales (propiedad intelectual). El Acuerdo por el que se establece la OMC prevé un marco institucional común para el desarrollo de las relaciones comerciales entre las partes que abarca el Acuerdo General del GATT (Duran Sáenz, Granato y Oddone, 2008: 38).

El contexto internacional en 1995 había mutado, la lógica de la Guerra Fría que había caracterizado otrora la coyuntura en la que se había gestado el Acuerdo General sobre Comercio y Aranceles Aduaneros, en 1947, ahora carecía de toda vigencia. Y a eso se suma también un proceso de cambio económico mundial, el cual se ha caracterizado por la relocalización de actividades productivas hacia las economías del Asia del Este y el peso que, en consecuencia, estas han ido ganando en la economía mundial a principios del siglo XXI. "La profunda interdependencia política y económica en este nuevo contexto multipolar provocó un incremento de las relaciones económicas internacionales y, por ende, un cambio en las reglas de juego" (Duran Sáenz, Granato y Oddone, 2008: 38). Se vislumbró un nuevo proceso de reinstitucionalización similar al que se había dado en la Segunda Postguerra Mundial.

La organización contribuiría también como instrumento para vincular a Rusia y las nuevas repúblicas -tras la implosión de la Unión Soviética en diciembre de 1991- a las corrientes del comercio internacional, y acelerar así los cambios económicos y políticos de esa región. De esta manera, se produce un profundo cambio en el desarrollo de las relaciones comerciales multilaterales enmarcado en la creación de la Organización Mundial de Comercio, y la ampliación de las obligaciones en el sistema multilateral de comercio que ahora también regulaba servicios y cuestiones relativas a la propiedad intelectual. Del mismo modo, también hay que destacar que se establecen mecanismos de control tales como el examen de políticas comerciales y la resolución de controversias que viene de la mano de la mayor institucionalización que supone dar vida a una organización en contraste con la regulación que brindaba un acuerdo internacional de comercio.

Otro cambio que fue tomando fuerza en el comercio internacional, a finales de los 90 pero sobre todo a principios del siglo XXI, fue el creciente peso que los países en desarrollo comienzan a tener en la economía mundial, particularmente por su contribución al crecimiento económico global. Estos duplicaron los esfuerzos para integrarse a la economía mundial y se convirtieron en los líderes de la liberalización comercial. Ese cambio fue consecuencia de los procesos políticos, económicos y sociales que se desarrollan desde los años 50 en Japón, desde los 60 en Corea del Sur, y en China desde finales de los 70, entre las economías más importantes. En ese contexto, el comercio de América Latina con esa región, hasta entonces periférico y de baja relevancia, comienza a ganar más y más importancia.

Otra característica relevante del comercio internacional que se va configurando en los albores del siglo XXI fue el resurgimiento del interés por suscribir acuerdos tendientes a integrar las economías nacionales en agrupaciones permanentes en torno a mercados comunes, uniones aduaneras o áreas de libre comercio. Algunos de los procesos más relevantes de la época son el caso de la Unión Europea, el MERCOSUR o el Tratado de Libre Comercio de América del Norte.

China se suma a esa lógica como consecuencia de las profundas reformas impulsadas desde 1979 por Deng Xiaoping, cuyos ejes centrales fueron la apertura comercial y la creación de Zonas Económicas Especiales[3] en el este del país. Esas reformas provocaron que las empresas transnacionales encontraran al país conveniente para su radicación por los bajos costos laborales y ciertas condiciones fiscales. Ahora bien, "el gobierno chino estableció como condicionamiento a las firmas transnacionales que arribaron al país la conformación de *joint-ventures* con empresas estatales y una gradual trasferencia de tecnología hacia grandes empresas de capital local..." (Slipak, 2014: 104). Todo lo cual se vio acompañado de un Estado con un rol activo y planificador de la economía que permitió que el poderío de la República Popular China se extendiera al plano comercial, financiero y, en consecuencia, al político y al militar.

Precisamente, autores como Oviedo (2005), Bolinaga (2013b) y Slipak (2014) sostienen que se verifica tanto una importante expansión de la actividad diplomática multilateral de China como también bilateral, lo cual es coherente con su estrategia de "ascenso pacífico" en la jerarquía

---

[3] Las Zonas Económicas Especiales fomentaron la llegada de inversiones extranjeras porque consistían en regímenes fiscales diferentes a los del resto del país, y eso dinamizaba el crecimiento económico en la costa este china.

global. Entonces, si bien China ingresa a la Organización Mundial del Comercio el 11 de diciembre de 2001, su práctica no se caracteriza por la diplomacia multilateral que despliega en ella sino por la de tipo bilateral, porque le resulta más funcional la asimetría de poder para negociar, y esto se ve muy claro en América Latina.

"El ingreso en este organismo supuso para el país asiático el poder colocar sus productos en mercados antes inaccesibles que, en la mayoría de los casos, se correspondió con los más dinámicos de la economía mundial" (García Méndez, 2006: 4). Por otro lado, se incrementan las negociaciones bilaterales en aquellos ámbitos donde la diplomacia multilateral no parece ser suficiente para garantizar los intereses chinos, por ejemplo el reconocimiento como "economía de mercado".

2. China y las negociaciones comerciales con América Latina en el siglo XXI

Las relaciones diplomáticas entre América Latina y China no son un fenómeno reciente, no obstante, el impulso que cobran las relaciones comerciales y financieras parece ser el factor que impulsa nuevos ámbitos de cooperación. Desde 1971 los diferentes países de la región fueron normalizando y estableciendo relaciones diplomáticas con la República Popular China en detrimento de Taiwán. Ya a principios del siglo XXI la dimensión comercial toma mucha más fuerza, "China tiene firmados tres tratados de libre comercio (TLC) con países de la región. Se trata de Chile (en 2005), Perú (en 2008) y Costa Rica (en 2011) y se encontraría próximo a firmar un acuerdo con Colombia..." (Slipak, 2014: 108). Además, ha sido reconocida como "economía de mercado" por la mayoría de las repúblicas latinoamericanas, y se ha configurado como el primer, segundo y tercer socio comercial más importante de estos países. China, consciente de su asimetría de poder, despliega sobre la región una estrategia de negociación bilateral cuyo objetivo es asegurar su abastecimiento de recursos naturales para continuar su proceso de modernización económica.

Tabla 1. Exportaciones de América Latina y Caribe a China (2012-2014), en millones de USD y porcentajes

País	2012	2013	2014	Participación 2014	Variación 2013-2014
Argentina	5 001	6 407	4 650	4,9	-27,4
Bolivia (Estado Plurinacional de)	316	320	434	0,5	35,6
Brasil	41 228	46 026	40 616	42,6	-11,8
Chile	18 098	19 090	18 438	19,4	-3,4
Colombia	3 343	5 104	5 617	5,9	10,1
Costa Rica	331	372	338	0,4	-9,0
Ecuador	392	569	502	0,5	-11,8
El Salvador	4	47	6	0,0	-87,7
Guatemala	35	167	43	0,0	-74,5
Honduras	114	135	71	0,1	-47,2
México	5 721	6 470	5 979	6,3	-7,6
Panamá	34	51	69	0,1	35,3
Paraguay	42	57	48	0,1	-16,0
Perú	7 849	7 331	6 968	7,3	-5,0
Uruguay	796	1 290	1 219	1,3	-5,5
Venezuela (República Bolivariana de)	14 101	11 587	10 324	10,8	-10,9
Total	97 403	105 024	95 323	100,0	-9,2

Fuente: "América Latina, el Caribe y China", Documento de la Comisión Económica para América Latina y el Caribe (CEPAL), 2015.

Ya en 2008 la estrategia se cristalizó aun más cuando el gobierno chino publicó el documento conocido como *El libro blanco de las políticas de China hacia América Latina*, donde se enuncia que los vínculos con la región deben basarse en relaciones de equidad y cooperación mutuamente beneficiosas y donde claramente toma fuerza la cooperación con aquellos sectores considerados estratégicos por China, desde ya asociados a la producción primaria. En enero de 2015

> China fue anfitrión del primer Foro China-Comunidad de Estados Latinoamericanos y Caribeños (CELAC) [...] China se comprometió a incrementar el comercio con América Latina y el Caribe a 500.000 millones de dólares y a invertir más de 250.000 millones durante la próxima década... (Gransow, 2015: 4).

Y es con aquel instrumento discursivo de "equidad" y "mutuos beneficios" a través de la cooperación donde debemos detenernos, pues, en estas instancias,

> China no deja de asumir su nuevo rol global, pero se presenta como un país que, al igual que otros del denominado "Sur" o "Tercer Mundo", procura diferenciarse de los hegemones tradicionales enfatizando la reciprocidad, el mutuo beneficio y la "cooperación Sur-Sur"... (Slipak, 2014: 110).

Sin embargo, mientras que China se presenta como un país con pretensiones de desplegar relaciones basadas en el beneficio mutuo, los vínculos reales resultan asimétricos. Un ejemplo de esto son los préstamos otorgados a países de la región a cambio de *commodities* como garantía o de que estos puedan ser comprados a precios por debajo del mercado. Con esto, "se alientan prácticas igualmente coactivas y coercitivas, propias de una relación entre un país periférico y uno central..." (Slipak, 2014: 111).

El concepto de cooperación Sur-Sur suele estar presente en los discursos oficiales chinos y argentinos, pero como apunta Bolinaga (2013a), la complejidad del concepto viene dada por la multiplicidad de aceptaciones y la ausencia de consensos académicos al respecto de sus alcances. El autor aclara que el criterio geográfico de "Sur" ha perdido vigencia para reformularse al día de hoy como "país en desarrollo".

Asimismo, es importante destacar que la cooperación Sur-Sur debe llevarse a cabo entre países en desarrollo, ya que una gran potencia no podría llevar adelante este tipo de relaciones debido a que sería una vinculación asimétrica dada la disparidad de poder. Siguiendo esta línea, el autor destaca que entre los supuestos de la cooperación Sur-Sur se deriva que sus beneficios deben ser recíprocos y simétricos para ambos países (Bolinaga, 2013a: 136/137). Tanto Bolinaga como Slipak se preguntan hasta qué punto China debe ser tratada como un país "emergente" o en "vías de desarrollo" y no como una gran potencia. Al respecto, Slipak ha argumentado que China no constituye un nuevo hegemón aún pero que sin embargo disputa el liderazgo norteamericano en varias dimensiones del sistema internacional, lo que tiende a reconfigurar la estructura de poder (Slipak, 2014: 106). Oviedo (2006), por su parte, ya venía marcando esa tensión entre Washington y Beijing, y remarcaba la diferencia entre "influencia" y "hegemonía". En efecto, ese nuevo orden es crucial para la inserción internacional de América Latina, y eso demanda que la región adopte una posición concreta al respecto de la creciente influencia china, la cual claramente ha desplazado a las potencias tradicionales, principalmente europeas, concordando con el análisis de Oviedo. "Desde 2004 China puso un pie en América Latina y el Caribe de forma pacífica pero abrupta" (Bolinaga y Slipak, 2015: 41).

Como resultado de aquella búsqueda de reconocimiento como economía de mercado es que China impulsó su entrada en la Organización Mundial de Comercio. Retomando nuevamente la línea argumentativa de Oviedo (2007), se destaca que el adquirir estatus de economía de mercado implicaría para China la posibilidad de expandir sus exportaciones o por lo menos mantener los niveles actuales sin tener que devaluar la moneda.

A raíz de esto, el impacto que supondría para las economías latinoamericanas resultaría en la imposibilidad de estas de utilizar distintas herramientas proteccionistas en sus propias economías.

> La incorporación de China al organismo internacional le permitió una mayor apertura a los mercados internacionales en todos los ámbitos. Con dicha adhesión China se comprometía al cumplimiento de una serie de requisitos encaminados a lograr una mayor apertura comercial... (García Menéndez, 2006: 3).

Teniendo en cuenta lo anterior, "la creciente vinculación de China con América Latina y expansión de su influencia en la región recrean vínculos de tipo Centro-Periferia, asimétricos en lo económico y la capacidad de ejercicio de poder político..." (Slipak, 2014: 22). Todo esto orientó al autor a retomar la Teoría de la Dependencia para analizar su vigencia en un contexto muy distinto al que otrora se vivenciaba durante su génesis. A este enfoque sobre la dependencia que generan los vínculos comerciales y financieros con China, Sevares (2007) lo caracterizó como una reproducción del tradicional intercambio comercial Norte/Sur y del esquema clásico de inversiones británicas del siglo XIX.

La mejora de los términos de intercambio en los países latinoamericanos se debió al aumento de los precios de los *commodities*, pero al igual que sucediera otrora, estos países quedan sujetos a los vaivenes de esos precios internacionales impuestos por las economías centrales: "este aumento determina, a su vez, un esquema de precios relativos que promueve el sostenimiento o la profundización de la precarización de las economías..." (Sevares, 2007: 12).

Las relaciones internacionales y comerciales entre China y América Latina se han dado sobre todo de manera bilateral, como ya se ha especificado; teniendo en cuenta esto, Bolinaga sostiene que:

> ... el carácter del comercio bilateral resulta interindustrial y que los flujos de comercio intraindustrial son entre exiguos e inexistentes, exponiendo un tipo de vínculo basado en una lógica de intercambio clásica de especialización de cada país en su propia ventaja comparativa. En definitiva, se reproduce la lógica centro-periferia..." (Bolinaga y Slipak, 2014: 22).

Ahora bien, cabe considerar en dónde radica el interés de China por adentrarse en nuestra región. Luego de las sucesivas reformas que se dieron al interior de China,

> ... la importante expansión de la industria manufacturera de China en adición a graduales alzas en los salarios reales y consumos de los hogares ha generado que desde principios del siglo XXI en adelante la demanda por parte de China de productos básicos como minerales, alimentos e hidrocarburos se incremente a ritmos exponenciales... (Slipak, 2014: 14).

Entonces, es de su interés, como también apunta Bolinaga (2013a), garantizar el abastecimiento de las materias primas necesarias para mantener en el tiempo su programa de modernización, y a su vez, asegurar las rutas marítimas de abastecimiento. Más aun, ambos autores han sostenido con fundamento que

> ... se puede triangular la demanda china de los *commodities*, el alza de los precios internacionales de los rubros vinculados a ese sector y la mejora de los términos de intercambio con los países de América Latina y el Caribe. Recapitulando, la mejora del nivel de precios internacionales de los *commodities* está anclada al proceso de modernización de China... (Bolinaga y Slipak, 2015: 10).

El gráfico que sigue muestra concretamente cómo han crecido y se han concentrado las exportaciones de la región hacia China en productos primarios y sus derivados. Los productos más importantes son: soja, hierro, petróleo y cobre. Todos los países de la región tienden a tener su comercio exterior concentrado en uno o dos productos, desde ya materias primas (Bolinaga, 2013a).

Gráfico 1. Composición por producto de las exportaciones de América Latina a China, 2000/2013 (millones de USD)

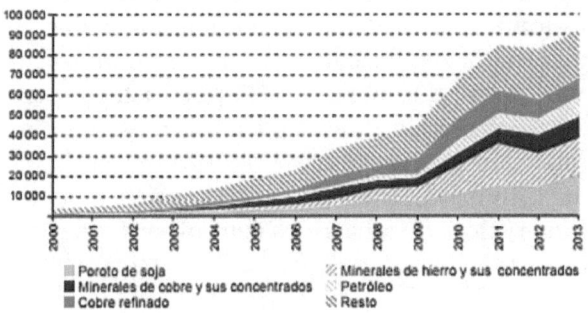

Fuente: "América Latina, el Caribe y China", Documento de la Comisión Económica para América Latina y el Caribe (CEPAL), 2015.

En cuanto a la región latinoamericana, Svampa (2013) indica que una importante cantidad de gobiernos construyen sus discursos a partir de una lógica contraria a la del denominado Consenso de Washington, y agrega que en los últimos años la región habría entrado en una nueva etapa: la del "Consenso de los *Commodities*".

> En ella, tanto los gobiernos que muestran continuidades con el Consenso de Washington como aquellos que desde lo discursivo y lo productivo rompen con él, aceptan por igual una inserción en el sistema de producción y acumulación global como

proveedores de productos básicos con bajo contenido de valor agregado, aprovechando sus elevados precios internacionales (Slipak, 2014: 112).

En un contexto internacional en el que Estados Unidos, Europa y Japón están en crisis, la profundización de las relaciones con China se acelera. Por su parte, Bolinaga y Slipak (2015) ya no hablan de Consenso de los *Commodities* sino del Consenso de Beijing, con el propósito de poner el foco en la nueva configuración internacional de poder y en esa creciente influencia que ejerce China en América Latina. Los autores entienden por Consenso de Beijing la adhesión a la idea de que el sendero inevitable para el desarrollo de la región consiste en la profundización de estos vínculos con la República Popular China, pero que no se trata de una cooperación entre países en vías de desarrollo sino que tan solo esa retórica busca encubrir la reproducción de patrones de subordinación y dependencia característicos de relaciones centro-periferia (Bolinaga y Slipak, 2014).

Consideraciones finales

La expansión económica de China en las últimas décadas propició el ingreso del país a la Organización Mundial de Comercio en 2001, lo cual fomentó a la vez su alcance a distintos mercados. En el caso latinoamericano, las relaciones con el gigante asiático han sido beneficiosas a grandes rasgos. Sin embargo, la forma en la que se plantearon estas relaciones ha sido, principalmente, por acuerdos bilaterales que facilitan el reconocimiento de China como "economía de mercado", estatus aún no reconocido por el

Organismo Mundial de Comercio. Y eso ha acentuado un patrón de intercambio en el cual los beneficios no son tan recíprocos.

La cooperación ha sido planteada desde lo discursivo bajo la lógica Sur-Sur, pero los hechos indican que las asimetrías existentes entre ambos imposibilitan que se genere un intercambio equitativo, acercándolo por eso más a una relación centro-periferia. El llamado Consenso de Washington abrió el camino para nuevas formas de ejercer influencia en la periferia, y ahora ha emergido el "Consenso de Beijing", cuyo eje ya no se pone en la actividad rentista financiera sino en la explotación a gran escala de los recursos naturales vía el capital financiero chino. Esta es la línea analítica que se advierte en estudios recientes donde es evidente que tanto uno como el otro "consenso" tienen mucho más de imposición de las grandes potencias que consensos reales, equitativos y simétricos entre las partes, concluyen Bolinaga y Slipak (2015).

Latinoamérica ha aceptado e incrementado el acercamiento con China, pero debería adoptar una posición concreta respecto de la creciente influencia que recibe. Debería delimitar si aceptará las premisas de cooperación Sur-Sur con las que el gigante asiático se presenta o si, en cambio, sincerará el tipo de relaciones de centro-periferia que realmente es el que se efectúa. La falta de consensos en la región imposibilitan un diálogo multilateral y eso acentúa claramente las asimetrías de poder a favor de China.

Resolver el cuestionamiento de si China debe dejar de ser tratada como un país emergente para posicionarlo como una gran potencia que se disputa el liderazgo con Norteamérica en varias dimensiones del sistema internacional resultará clave para ejercer un cambio en el posicionamiento regional, y reformular su mero rol como proveedor de materias primas para la modernización económica de potencias extrarregionales.

Conclusión

En las páginas de este libro, sus autores han plasmado una tendencia recurrente en América Latina y, particularmente, en Sudamérica: la dificultad de nuestras sociedades para construir consensos necesarios para alcanzar políticas de Estado, políticas que trasciendan la mera lógica temporal del gobierno de turno. Este mal endémico -muy arraigado en nuestra historia, por cierto- pone en jaque los procesos de desarrollo en cada país, pero al mismo tiempo, los mismo procesos de integración regional: UNASUR, MERCOSUR y la Alianza para el Pacífico.

Habida cuenta de las distancias geográficas y, por supuesto, también culturales, las regiones del mundo que han logrado impulsar procesos de desarrollo económico y con altos niveles de inclusión social son, precisamente, aquellas que han apostado por la educación, la seguridad y la salud. Aquellas que se han aferrado a esos tres niveles como ejes para mejorar la calidad de sus sistemas democráticos y, por qué no decirlo, también para alcanzar esa utopía: "políticas de Estado". La imposibilidad de hacerlo da una prueba, mal que nos pese, de la falta de madurez de nuestras democracias en la región.

Hoy somos testigos de una reformulación de viejos debates pero con un impacto trascendental en nuestro presente: buscar el desarrollo económico con inclusión social o sucumbir ante la condena incondicional del subdesarrollo y la dependencia. No parece ser casual que Andrés Oppenheimer haya planteado el dilema en los siguientes términos: "¡Crear o morir!". La clave está en la innovación, en el conocimiento científico, y por tanto, el instrumento central es la educación.

Parece entonces que lo que cambian son los jugadores pero no las reglas del juego: allá en el tiempo la influencia de las grandes potencias europeas; no hace tanto, la de Estados Unidos, y hoy toma fuerza la presencia de China. Pero todos buscaban lo mismo: el aprovisionamiento de materias primas para sus modernizaciones económicas, su seguridad alimenticia y hasta la colocación de sus manufacturas de alto, medio y bajo contenido tecnológico en los mercados latinoamericanos. Y esto último es lo que condiciona mayormente nuestro desarrollo económico, nuestra industrialización y la trasferencia tecnológica hacia la región.

Indudablemente, el hilo conductor de los artículos compilados en esta obra es la necesidad y el reconocimiento de la vital importancia que tiene retomar el camino que, alguna vez, hombres como Presbisch, Cardoso, Dos Santos, Jaguaribe, Marini, Puig y otros intelectuales críticos del pensamiento hegemónico europeo y norteamericano supieron advertir: pensar América Latina desde un saber situado en la región y dejar de importar teorías y recetas de los países centrales.

La continuidad de la UNASUR y su Consejo de Defensa para garantizar la autonomía y el fortalecimiento democrático de Sudamérica resulta un valor sustancial y ampliamente compartido por sus miembros. No es solo una proyección de los líderes políticos de la región sino, y tal vez más importante aun, de las sociedades civiles que no están dispuestas a continuar aceptando clases políticas más interesadas en pactar con el capital financiero internacional que en garantizar el bienestar de los pueblos y su desarrollo económico y social. Y es precisamente aquí donde se erige el debate inconcluso acerca de qué tipo de estructuras productivas estamos construyendo, si estamos favoreciendo la industrialización o la primarización y hasta en algunos casos la reprimarización, porque estamos perdiendo la incipiente capacidad industrial que países como Argentina y Brasil supieron construir. Y no es un debate menor porque en él yace el tipo de empleo que queremos para nuestros ciudadanos, el nivel de ingresos para nuestras familias y el nivel educativo con el que nos interesa formar a nuestros profesionales.

Ninguna de las naciones que logró industrializarse y mejorar la calidad de vida de sus ciudadanos lo logró exportando materia prima y sobreexplotando al trabajador. La lógica de la ventaja comparativa tal vez sea la mentira más grande que nos hayan querido imponer desde la llegada de Colón. Porque si la aceptamos negamos que economías agrícolas como India, Japón, Corea del Sur o China se hayan industrializado y hayan logrado posicionarse entre las diez economías más importantes del mundo. Y ese debate se expresa entre los dos modelos que conviven dentro de la UNASUR.

Mientras que el MERCOSUR promovió el desarrollo industrial de sus miembros, la integración productiva de sectores industriales estratégicos (por ejemplo, el automotriz) y la expansión del comercio intraindustrial o comercio de dos vías,[1] la Alianza del Pacífico, por el contrario, está reproduciendo la lógica de la ventaja comparativa y favorece la complementación de estructuras productivas y la expansión del comercio interindustrial[2] vía Tratados de Libre Comercio. Entonces, mientras que un bloque apuesta a incrementar el valor agregado e impulsar el desarrollo industrial vía estímulos a la exportación de manufacturas de origen industrial, el otro reproduce viejas dinámicas de centro-periferia.

---

[1] Intercambio de manufacturas por manufacturas.
[2] Intercambio de manufacturas por materias primas o productos derivados.

Y en este debate resulta de sustancial importancia comprender el papel que viene a jugar China, porque bajo la retórica de una supuesta cooperación Sur-Sur, se encubre la vieja dinámica centro-periferia que tiende a operar sobre asimetrías de poder y que solo conduce a nuevas relaciones de subordinación. El Consenso de Beijing viene a convalidar la estrategia china para asegurar su abastecimiento de recursos naturales para su industria y su seguridad alimentaria, porque en ello se juega la legitimidad del Partido Comunista Chino y la gobernabilidad del país. Los instrumentos que se verifican en la praxis política china son precisamente negociaciones bilaterales donde la asimetría de poder juega a favor de los intereses chinos y obstaculiza la posibilidad de negociar desde los esquemas regionales de integración. Al momento que el ALCA naufragaba en Mar del Plata, China observaba expectante en primera fila el fracaso norteamericano en la negociación multilateral y, sin lugar a dudas, aprendió la lección del viejo principio de realismo político: "divide y reinarás".

Finalmente, Cuba también vuelve a estar sobre la mesa de discusión y las naciones del continente miran expectantes el giro de la política exterior norteamericana hacia la isla. No podemos dejar de mencionar el simbolismo que tiene la resolución de la Asamblea General de las Naciones Unidas, aprobada a fines de octubre de 2016. La resolución llamada "Necesidad de poner fin al bloqueo económico, comercial y financiero impuesto por Estados Unidos de América a Cuba", que fue aprobada por 191 votos a favor, ninguno en contra y solo dos abstenciones.[3] Así Cuba no solo pasa a reinsertarse en el sistema regional sino en el mundo en sí mismo. Pero también es cierto que quien gane la Casa Blanca en la próxima

---

[3] Estados Unidos e Israel.

elección definirá no solo la política norteamericana hacia la isla sino hacia toda la región. Eso se da en una coyuntura donde la preponderancia norteamericana cada vez más se enfrenta al ascenso de una potencia extrarregional, la cual ya ha puesto un pie en América Latina de forma pacífica pero abrupta: China.

América Latina ante una nueva encrucijada supone un reconocimiento académico al esfuerzo y dedicación de una nueva generación de estudiantes y jóvenes graduados por su peculiar vocación para plantear preguntas y buscar respuestas, desde ya a favor del pensamiento científico regional. El primer paso está dado, en ellos depositamos la confianza para continuar debatiendo ideas y conceptos, para seguir construyendo consensos y, sobre todas las cosas, para mantener la apuesta por el desarrollo de nuestros pueblos. Esos jóvenes que veíamos como el futuro, hoy son el presente.

Dr. Luciano Damián Bolinaga
Director
Centro de Altos Estudios en Ciencias Sociales
Universidad Abierta Interamericana

Epílogo

Si algo nos han dejado los trabajos presentados es la necesidad de pensar América Latina como unidad infinitamente rica y diversa; pensar en términos del lugar que ocupa en el sistema internacional, lugar conferido por las potencias de turno, como también por las decisiones de las élites gobernantes a lo largo de nuestra historia.

El ejercicio del pensamiento hace de la coyuntura histórica una condición de inexorable análisis a la hora de reflexionar sobre el objeto de estudio, por lo que los nuevos vientos que vienen soplando en la región marcarían cierto rumbo pero no, y de momento, la tendencia general.

Los espacios de integración logrados a base de criterios autonómicos pareciera que buscan mantenerse a pesar de la coyuntura y los aires restauradores. Contradiciendo a Marshall Bergman, no todo lo sólido se desvanece en el aire: las lógicas de integración y cooperación regional continuarán en tensión en tanto proyectos nacionales vinculados a la globalización neoliberal.

Por tanto, el regionalismo tomará probablemente la configuración de la puja entre el neo-regionalismo abierto y el regionalismo autonómico, identificados por la Alianza del Pacífico, el uno, y por el MERCOSUR/UNASUR/CELAC, el otro.

Entendemos que la gran inquietud que nos asiste en el epílogo del presente trabajo es dilucidar si ambos enfoques podrían desplegar lineamientos complementarios o, evitando esfuerzos en torno a ceder soberanía, cristalizarse como excluyentes.

Y es en este punto donde comienza a perfilarse cada vez más un nuevo actor que incide en la política internacional: la sociedad civil; por tanto, de las demandas de la sociedad civil podría inclinarse hacia dónde se estabilizarían las formas de los esquemas integracionistas, como la definición de nuestro lugar en el mundo. Porque como se ha demostrado en los últimos tiempos, la dinámica social que han imprimido las movilizaciones populares va dando cuenta del mayor involucramiento de la sociedad civil en los destinos de la región, como así también los movimientos sociales. Y cualquier presidente que se diga representativo deberá, inevitablemente, escuchar la voz de quienes lo ungieron en la Primera Magistratura.

El privilegio de pensar hoy América Latina -analizando el recorrido epistemológico para desentrañar y consolidar nuestro lugar en el mundo- nos lleva hacia el exhaustivo análisis de estructuras y coyunturas que nos han legado hasta aquí, con el compromiso de forjar un camino para las nuevas generaciones.

Mgter. Claudio Luis Tomás
Profesor
Integración y Cooperación Internacional
Profesor Política Internacional
Facultad de Derecho y Ciencia Política
Universidad Abierta Interamericana

Bibliografía

Alzugaray, C. (2015). "Cuba y Estados Unidos: algunas claves de un viraje radical", Revista *Nueva Sociedad*, núm. 255, enero/febrero, recuperado el 20 de Febrero de 2015. Disponible en: https://goo.gl/Pg5Voj.

Amin, S. (2004). "Geopolítica del imperialismo contemporáneo", en Boron, A. *Nueva Hegemonía Mundial: alternativas de cambio y movimientos sociales*, Buenos Aires: CLACSO.

Aravena, R. (2006). *La integración latinoamericana: Visiones regionales y subregionales*, Costa Rica, FLACSO.

Blanco, J. (2009). *Cartografía del pensamiento latinoamericano contemporáneo. Una introducción*. Cuadernos Winaq, Universidad Rafael Landívar, Guatemala.

Bolinaga, L. (2013a). "¿Apuesta China a la modernización productiva de América Latina?", *Realidad Económica*, núm. 279, octubre/noviembre.

Bolinaga, L. (2013b), *China y el epicentro del Pacífico Norte*, Buenos Aires, Editorial Teseo.

Bolinaga, L. y Slipak, A. (2014). "Limites teóricos y fácticos a la categoría de "cooperación sur-sur" para analizar la vinculación comercial entre China y Argentina (1990 -2013)", ponencia presentada en la *Joint International Conference (ISA-FLACSO), "Global and Regional Powers in a Changing World"*, celebrada en Buenos Aires, del 23 al 25 de julio.

Bolinaga, L. y Slipak, A. (2015). "El Consenso de Beijing y la reprimarización productiva de América Latina: el caso argentino", *Problemas del Desarrollo* núm. 183, vol.

46, 33/58, Universidad Nacional Autónoma de México, Instituto de Investigaciones Económicas, México. Disponible en: https://goo.gl/JjQIy2.

Boron, A. (2014). "Padura en Buenos Aires", *Rebelión, Portal Digital de Noticias*, publicado el 06 de mayo de 2015. Disponible en: https://goo.gl/xcF37i.

Briones Riveros, D. (2013). "América Latina: Desafíos para la integración en seguridad y defensa", Documentos de Opinión, Instituto Español de Estudios Estratégicos, junio. Disponible en: https://goo.gl/7OKAoH.

Bruckmann, M. (2012). "UNASUR: Una estrategia regional para la gestión soberana de los recursos naturales", Agencia Latinoamericana de Información, diciembre. Disponible en: https://goo.gl/68UWFD.

Cairo Carou, H. (2009). "La colonialidad y la imperialidad en el sistema-mundo", Revista *Viento Sur: Por una izquierda alternativa*, núm. 100, enero. Disponible en: https://goo.gl/u0LDpw

Calderón, E. (2011). "Brasil en el Consejo de Defensa Sudamericano: obstáculos a la cooperación y el liderazgo", en *Relaciones Internacionales*, núm. 18, octubre, GERI-UAM. Disponible en: https://goo.gl/P6dCcb.Cardoso, F. H. y Faletto, E. (2011). *Dependencia y desarrollo en América Latina*, Siglo XXI, Argentina.

Castro Gómez, S. (2005). *La poscolonialidad explicada a los niños*, Editorial Universidad de Cauca, Colombia. Disponible en: https://goo.gl/tqqlnK.

Castro Gómez, S. y Grosfoguel, R. (2007). *El giro decolonial: Reflexiones para una diversidad epistémica más allá del capitalismo global*, Editorial Siglo del Hombre, Colombia. Disponible en: https://goo.gl/Q0pEvc.

Castro-Gómez, S. y Mendieta, E. (1998). *Teorías sin disciplina (latinoamericanismo, poscolonialidad y globalización en debate)*, México. Disponible en: https://goo.gl/q8h2jJ.
Castro-Gómez, S. (1999). *La reestructuración de las Ciencias Sociales en América Latina*, Edición Colección Pensar, Argentina.
Castro-Gómez, S. (2005). *La hybris del punto cero*, Editorial Pontificia Universidad Javeriana, Colombia.
Ceceña, A. (2013). "La concepción de integralidad y las integraciones descolonizadoras", Revista *El Nuevo Repertorio Americano*, vol. 1.
Comaroff, J. y Comaroff, J. (2007). *Teorías desde el sur: o como los países centrales evolucionan hacia Áfric*a, Editorial Siglo XXI, Buenos Aires.
Cortes, M. y Rojo, P. (2002). "La seguridad hemisférica en la post-guerra fría. Apuntes para su análisis". Ponencia presentada en el *V Encuentro Nacional de Estudios Estratégicos*, publicado en la *Red de Seguridad y Defensa en América Latina (RESDAL)*.
Dussel, E. (1994). *El encubrimiento del otro: hacia el origen del mito de la modernidad*, Cambio XXI, Colegio Nacional de Ciencias Políticas y Administración Pública, México.
Dussel, E. (2005). *Transmodernidad e interculturalidad: Interpretación desde la Filosofía de la Liberación*. UAM, México.
"El control de los cuerpos y los saberes", diario *Página 12*, publicado el 7 de julio de 2014. Disponible en: https://goo.gl/0D1U9g.
Escobar, A. (2003). "Mundos y conocimientos de otro modo. El programa de investigación de modernidad/colonialidad latinoamericano", en *Tabula Rasa*, núm. 51-86, enero/diciembre, Bogotá.

Fanon, F. (1961). *Los condenados de la tierra*, Fondo de Cultura Económica, Buenos Aires.
Freire, P. (2005). *Pedagogía del oprimido*, Editorial Siglo XXI, Buenos Aires.
Gransow, B. (2015). "Inversiones Chinas en infraestructura: ¿una situación en la que todos ganan?", *Nueva Sociedad* núm. 259, septiembre/octubre. Disponible en: https://goo.gl/uv7Kaf.
Heinz Dieterich, S. (1998). *Cuba ante la razón cínica*, Editorial Txalaparta s.l.: Tafalla.
Hobsbawm, E. (1995). *Historia del siglo XX*. Barcelona: Critica.
Jaguaribe, H. (1969). *Dependencia y autonomía en América Latina*. Siglo XXI Editores, México.
Katz, C. (2006). *El porvenir del socialismo*. Monte Ávila, Caracas.
Katz, C. (3 de diciembre de 2014). "La epopeya cubana", publicado en *Noticias de América Latina y Caribe*, recuperado el 5 de febrero de 2015. Disponible en: https://goo.gl/hskMWa.
"La Argentina declarará a China como economía de mercado", diario *La Nación*, publicado el miércoles 17 de noviembre de 2004, recuperado el 20 de junio de 2016. Disponible en: https://goo.gl/BKwfap.
Laborie, I. (1994). "La seguridad hemisférica en la post-Guerra Fría", LID Editorial.
Lagrave, F. (2013). "Capitalismo en el Nuevo siglo: El actual desorden mundial". En Granato, F. (ed.), *II Jornadas de Pensamiento Crítico Latinoamericano*, UniRio Editora: Río Cuarto, Argentina.
Lamet, J. (21 de marzo de 2016). "Las empresas que invierten en Cuba tendrán 8 años de vacaciones fiscales", en *Portal de Noticias La expansión*, recuperado el 22 de junio de 2016. Disponible en: https://goo.gl/1i8tk1.

Lander, E. (2000). *¿Conocimiento para qué? ¿Conocimiento para quién? Reflexiones sobre la universidad y la geopolítica de los saberes hegemónicos*, Editorial Venezolana de Economía y Ciencias Sociales, Venezuela.

Lander, E. (2000). *La colonialidad del saber: eurocentrismo y ciencias sociales*. Perspectivas latinoamericanas, CLACSO.

"Las grandes empresas de EE.UU. que ya anunciaron negocios en Cuba", en *BBC Mundo*, publicado el 27 de febrero de 2016. Disponible en: https://goo.gl/DMJYz3.

Latour, B. (2007). *Nunca fuimos modernos*, Ediciones Siglo XXI, Buenos Aires.

Lyotard, J. (1987). *La condición pos-moderna: informe sobre el saber*. Red Editorial Iberoamericana, Argentina.

Madoery, O. (2012). "El desarrollo como categoría política", en Revista *Crítica y Emancipación*, núm. 7.

Melody, F. y Ari J. (2012). "Pensamiento decolonial: ¿una *nueva* apuesta en las Relaciones internacionales?", en Relaciones Internacionales, GERI–UAM, núm. 19.

Mignolo, W. (2003). *Historias locales, diseños globales. Colonialidad, conocimientos subalternos y pensamiento fronterizo*, Ediciones Akal: España.

Mignolo, W. (2009). "La idea de América Latina, la derecha, la izquierda y la opción decolonial", en Revista *Crítica y Emancipación*, núm. 2.

Mignolo, W. (2010). *Desobediencia epistémica*, Ediciones del Signo, Argentina.

Mijares, V. (2011). "Consejo de Defensa Suramericano: obstáculos para una alianza operativa", Revista *Politeia*, Universidad Central de Venezuela, vol. 34, núm. 46, enero/junio.

Oppenheimer, A. (2014). *"¡Crear o Morir! La esperanza de América Latina y las cinco claves de la innovación*, Editorial Debate, Buenos Aires.
Oviedo, E. (2005). *China en expansión*, Universidad Católica de Córdoba, vol. 8, Colección Thesys, Córdoba.
Oviedo, E. (2007). "Nuevos ejes de la política exterior china para América Latina", *Agenda Internacional*, núm. 2. Disponible en: https://goo.gl/63uF2a.
Panchón Soto, D. (2007). *Modernidad, eurocentrismo y colonialidad del saber*, Planeta Sur, Colombia.
Pizarro, P. y Cabaluz, J. (2010). "Colonialidad del poder y geopolítica del conocimiento. Reflexiones para repensar las pedagogías críticas", en Revista *Electrónica Diarios Educativos*, núm. 19, vol. 10.
Puig, J. (1984). *América Latina: Políticas exteriores comparadas*, Grupo Editor Latinoamericano, Argentina.
"¿Qué es la Zona Especial de Desarrollo Mariel?", *Cuba Debate* (Portal Digital de Noticias), publicado el 5 de enero de 2016. Disponible en: https://goo.gl/Fi9KSH.
Quijano, A. (1998). *Modernidad, identidad y utopía en América Latina*. Ed. Sociedad y Política, Perú.
Quijano, A. (2007). "Decolonialidad del poder: el horizonte alternativo", en *Observatorio Latinoamericano de Geopolítica*. Disponible en: https://goo.gl/hB0TvF.
Quijano, A. (2014). "Cuestiones y horizontes: de la dependencia histórico-estructural a la colonialidad decolonialidad del poder", CLACSO, Argentina.
"Raúl Castro celebra la apertura pero insiste con el *carácter irrevocable* del sistema cubano", *Agencia Telam*, publicado el 16 de abril de 2016. Disponible en: https://goo.gl/1rACGG.

Rodríguez Sánchez Lara, G. (2013). "Antiguas y nuevas amenazas a la seguridad en América Latina", en *Colectivo de Análisis de la Seguridad con Democrática*. Disponible en: https://goo.gl/vozl9B.

Rodríguez Valverde, A. (20 de diciembre de 2015). "Exportaciones a Cuba crecen entre trabas para el sector", publicado en *El Financiero*, recuperado el 11 de junio de 2016. Disponible en: https://goo.gl/Om1roj.

Rojas Aravena, F. (2000). "Repensando la seguridad en América Latina: Nuevas demandas conceptuales", en *Fasoc*, núm. 2, abril/junio.

Russell, R. y Tokatlian, J. (2001). "De la autonomía antagónica a la autonomía relacional: una mirada teórica desde el Cono Sur", Revista *POSTData*, diciembre.

Santamaría, E. M. (2003). "Historias locales/diseños globales. Colonialidad, conocimientos subalternos y pensamiento fronterizo", en Red de Revistas Científicas de América Latina, el Caribe, España y Portugal *Sistema de Información Científica*, núm. 10, vol. 33.

Sautu, R. (2005). *Todo es teoría*, Ed. Lumiere, Argentina.

Saxe-Fernández, J. (2005). *Imperialismo y Banco Mundial*, Editorial Popular, Madrid.

"Según Raúl Castro, levantar el bloqueo será una lucha difícil", diario *Perfil*, consultado el 21/10/2016. Disponible en: https://goo.gl/Cb3uwS.

Sevares, J. (2007). "¿Cooperación Sur-Sur o dependencia a la vieja usanza?", *Nueva Sociedad*, núm. 207.

Schenoni, L. (2014). "Brasil en América del Sur. La lógica de la unipolaridad regional", *Nueva Sociedad*, Sumario, núm. 250, marzo/abril.

Silva Echeto, V. (2003). *Historias locales, diseños globales. Colonialidad, conocimientos subalternos y pensamiento fronterizo*, Ed. Akal: Madrid.

Slipak, A. (2014a). "América Latina y China: ¿Cooperación Sur-Sur o Consenso de Beijing?", *Nueva Sociedad*, núm. 250.

Slipak, A. (2014b). "Un análisis del ascenso de China y sus vínculos con América Latina a la luz de la Teoría de la Dependencia", *Realidad Económica*, núm. 282.

Sousa Santos, B. (2009). *Una epistemología desde el sur, la reinvención del conocimiento y la emancipación social*, Ed. Siglo XXI, Buenos Aires.

Spanier, J. (1991). *La política exterior norteamericana a partir de la Segunda Guerra Mundial*. Grupo Editor Latinoamericanos S.R.L, Buenos Aires.

Suárez Salazar, L. y Lorenzo García, T. (2008). "Las relaciones interamericanas durante la 'época del buen vecino'", en *Las relaciones interamericanas continuidades y cambios*, CLACSO, Buenos Aires.

Svampa, M. (2013). "'Consenso de los Commodities' y lenguajes de valoración en América Latina", *Nueva Sociedad*, núm. 244.

Tokatlian, J. (28 de septiembre de 2003). "La Argentina carece de estrategia", diario *La Nación*. Disponible en: https://goo.gl/9c1cRU.

Vargas Soler, J. C. (2009). "La perspectiva decolonial y sus posibles contribuciones a la construcción de Otra economía", Revista *Otra Economía*, núm. 4.

Velázquez Castro, M. (2008). "Las promesas del proyecto decolonial o las cadenas de la esperanza", *Crítica y Emancipación: Revista latinoamericana de Ciencias Sociales*, núm. 1.

Walsh, C. y Castro-Gómez (2003). "Indisciplinar las ciencias sociales. Geopolíticas del conocimiento y colonialidad del poder. Perspectivas desde lo Andino", *Polis, Revista de la Universidad Bolivariana de Chile*, núm. 1.

Otros sitios consultados

Portal del Sector de Defensa en España y Latinoamérica
http://www.infodefensa.com
Unión de Naciones Suramericanas
http://www.unasursg.org
República Argentina, Ministerio de Defensa
http://www.mindef.gov.ar
Centro de Estudios Nueva Mayoría
http://www.nuevamayoria.com
Asociación Cubana de las Naciones Unidas
http://www.acnu.org.cu

Sobre los autores

Claudio Luis Tomás

Licenciado en Relaciones Internacionales (UNR) y máster en Administración de Empresas (IDEA). Profesor adjunto de Integración y Cooperación Internacional y Política Internacional en la Universidad Abierta Interamericana (sede Rosario). Coordinador del Observatorio del Sur en la Universidad Nacional de Rosario. Ha publicado artículos sobre los procesos de integración en *Foreign Affairs* Latinoamérica, Alainet y Ecoportal, entre otros. Sus líneas de trabajo se centran en los procesos de integración regionales y los bienes comunes. E-mail: cltomas@yahoo.com

Luciano Damián Bolinaga

Graduado del Programa de Estudios Posdoctorales, UNTREF (2013). Doctor en Relaciones Internacionales, UNR (2011). Magíster en Relaciones Internacionales con Orientación Asia-Pacífico, UNLP-IRI (2009). Licenciado en Relaciones Internacionales, UNR (2004). Director del Centro de Altos Estudios en Ciencias Sociales y también del Grupo de Estudios del Asia y el Pacífico (GEAP) en la Universidad Abierta Interamericana, donde se desempeña también como profesor adjunto de Historia Política Argentina e Historia Universal II. Ha sido becario doctoral y posdoctoral del CONICET. Autor de numerosas publicaciones nacionales e internacionales entre las que se destaca su libro *China y el epicentro económico del Pacífico Norte*, publicado por la Editorial Teseo como parte de la Colección UAI-Investigación, en 2013. E-mail: bolinaga.geap@uai.edu.ar

Lucía Bravo

Licenciada en Relaciones Internacionales en la Facultad de Derecho y Ciencia Política de la Universidad Abierta Interamericana. E-Mail luciabravoperalta@gmail.com

Pablo Díaz Guerra

Estudiante avanzado de la Licenciatura en Relaciones Internacionales en la Facultad de Derecho y Ciencia Política de la Universidad Abierta Interamericana (sede Rosario). Dirección Ejecutiva ONG (Deporte). Email: pdiazguerra@gmail.com

Lucía Guiñazú

Estudiante avanzada de la Licenciatura en Relaciones Internacionales en la Facultad de Derecho y Ciencia Política de la Universidad Abierta Interamericana (sede Rosario). E-mail: luciaguinazu@hotmail.com

Joaquín Poleri

Licenciado en Relaciones Internacionales en la Facultad de Derecho y Ciencia Política de la Universidad Abierta Interamericana (sede Rosario). E-mail: joaco_785@hotmail.com

Micaela Serra

Licenciada en Relaciones Internacionales, Facultad de Derecho y Ciencia Política, Universidad Abierta Interamericana (sede Rosario). Actualmente es estudiante avanzada del Profesorado Universitario para el nivel Secundario y Superior. E-mail: micaelaserra.t@gmail.com

María Julia Sorrentino

Estudiante avanzada de la Licenciatura en Relaciones Internacionales en la Facultad de Derecho y Ciencia Política de la Universidad Abierta Interamericana (sede Rosario). E-mail: mjuliasorrentino@gmail.com

Romina Tejada

Estudiante avanzada de la Licenciatura en Relaciones Internacionales y también de la Licenciatura en Ciencia Política en la Facultad de Derecho y Ciencia Política de la Universidad Abierta Interamericana (sede Rosario). Asistente de investigación del Grupo de Estudios del Asia y el Pacífico perteneciente al Centro de Altos Estudios en Ciencias Sociales de dicha casa de altos estudios. E-mail: romina.j.tejada@hotmail.com

Ana Laura Washington

Estudiante avanzada de la Licenciatura en Relaciones Internacionales en la Facultad de Derecho y Ciencia Política de la Universidad Abierta Interamericana (sede Rosario). E-mail: anawash2@gmail.com

Este libro se terminó de imprimir en enero de 2017 en Imprenta Dorrego (Dorrego 1102, CABA).

www.ingramcontent.com/pod-product-compliance
Lightning Source LLC
Chambersburg PA
CBHW031254230426
43670CB00005B/178